Die Welt im Trüben

Herausgegeben von Manfred Mixner

GATZA
bei Eichborn

Die Deutsche Bibliothek – CIP-Einheitsaufnahme

Die Welt im Trüben:
Vom Fischen und Dichten / Manfred Mixner (Hrsg.)
Frankfurt am Main : Eichborn, 1997
(Gatza bei Eichborn)
ISBN 3-8218-0656-7

© Vito von Eichborn GmbH & Co. Verlag KG,
Frankfurt am Main, Oktober 1997
Lektorat: Mathias Gatza
Umschlaggestaltung: Christina Hucke
Grafische Konzeption und Satz: Petra Wagner
Bildrecherche und redaktionelle Mitarbeit:
Louise Grötzebach, Ulrich Ritter
Druck und Bindung: Bercker Graphische Betriebe GmbH,
Kevelaer
ISBN 3-8218-0656-7

Verlagsverzeichnis schickt gern:
Eichborn Verlag, Kaiserstr. 66, D-60329 Frankfurt am Main
Internet: http://www.eichborn.de

Inhalt

Vorwort Über das Fischen und das Dichten 9

Hermann Hesse Unterm Rad 19
Helmut H. Schulz Götterdämmerung 22
Franz Nabl Kaltes Blut 25
Gerhard Köpf Nurmi oder Die Reise zu den Forellen 29
Miguel Delibes Krebsfischen zu Sankt Vitus 33
Norman Maclean Aus der Mitte entspringt ein Fluß 36

Alexander N. Afanasjew Die Mär von dem Hecht
mit den großen Zähnen 39
Gudmundur Daníelsson Der große Fisch 41
**Aus den »Erzählungen aus den Tausendundein
Nächten«** Die Geschichte vom törichten Fischer 45
Erasmus Schöfer Der Sturm 47

Herman Melville Moby Dick oder Der weiße Wal 53
Ernest Hemingway Der Marlin – Ein Brief aus Kuba 57
Anton Tschechow Die Aalraupe 62
Jack London Love of Life 67 √
Izaak Walton Über Lachse und ihren Fang 69

Siegfried Lenz Die Auflehnung 75
Gerhard Roth Das Fangnetz 78

Johan Turi Vom Fischfang 81
Ernst Jünger Reisetagebücher 83

Ueda Akinari Geträumte Karpfen 89

Jean Paul Des Luftschiffers Gianozzo Seebuch 95
Klaus Rifbjerg Makrele 96
Terence Hanbury White Der König auf Camelot 98

Aus dem Johannes-Evangelium Die Fischer 103
Adalbert Stifter Der Hochwald 105
Tania Blixen Der Taucher 107
Pablo Neruda Der Fischer 110
Barbara Frischmuth Die Mystifikationen
der Sophie Silber 112
Johann Wolfgang von Goethe Der Fischer 115

Alfred Döblin Die drei Sprünge des Wang-Lun 119
Gert Jonke Glashausbesichtigung 122

Manfred Kyber Karlchen Krake 127

William Faulkner Hand auf den Wassern 133
Friedrich Dürrenmatt Das Versprechen 137
Aldous Huxley Nach vielen Sommern 140
Wolfgang Weyrauch Die japanischen Fischer 143

Günter Grass Die Blechtrommel 147
Peter Marginter Der Baron und die Fische 152
Iwan Turgenjew Der Brigadier 155
Jules Renard Fische 159

Quellenverzeichnis 163
Bildnachweis 166

Angler, 1901

Mitte der fünfziger Jahre, in meiner Grundschulzeit, verbrachte ich die Sommerferien bei Verwandten am Ossiachersee in Kärnten. Einen Onkel gab es dort, groß und kräftig, freundlich und temperamentvoll, der hat mir in jener Zeit das Angeln beigebracht. Er ruderte jede Woche einmal nachts mit einem Nachbarn auf den See hinaus, um Hechte zu fangen. Ich durfte nicht mit, ich war nur für die Beschaffung der Köderfischchen verantwortlich, kleine Rotfedern waren das, die ich in einem Eimer für ihn sammelte. Mein Onkel, an den ich keine physiognomische Erinnerung bewahrt habe, sogar seinen Namen habe ich vergessen, hatte mir die Angel gebastelt: eine Haselrute, vorne in einer Kerbe war eine etwa vier Meter lange Schnur befestigt, als Pose diente ein Weinkorken, und vor dem Haken waren zwei oder drei Bleikügelchen auf die Schnur geklemmt. So saß ich jeden Nachmittag, müde vom Schwimmen, Tauchen und

Herumtoben, mit von der Sonne aufgeheizter Haut am schattigen Außensteg des kleinen Bootshauses, zog die Würmer, die ich auf dem Misthaufen des benachbarten Bauern ausgegraben hatte, auf den Haken, warf die Angel aus und stellte mir vor, wie die kleinen Fische sich um den Wurm stritten, wie sie vorsichtig den Köder abzupften. Der Triumph, wenn einer zu gierig war und am Haken hängenblieb, der Korken wegtauchte! Wie es allen angelnden Kindern ergeht, so geschah es auch mir: Dieses Zucken der Schnur, das Zappeln, die Angst, der Fisch könnte sich losreißen, die Aufregung, wenn das silbern glänzende Tier aus dem Wasser gezogen wurde, plötzlich ganz schwer war und in der Luft hin- und herschnellte, bis man es in Händen hielt, um den Haken aus dem Maul oder dem Hals zu hebeln, ganz vorsichtig, damit es unversehrt blieb, und dann den erbeuteten glitzernden Fischen im Eimer zusehen, wie sie mit den Flossen fächelten, plötzlich losflitzten und gleich wieder resigniert stehenblieben, dieses Erleben wurde mir zu einem Inbegriff des Glücks. Und ich wurde jedesmal gelobt von meinem Onkel, den ich so sehr bewunderte, wenn er abends mit seinem Motorrad, an dem ein Beiwagen montiert war, vor dem Ferienhaus vorfuhr, bremste, daß eine Staubwolke aufstieg. Er war ganz in Leder gekleidet, mit einer Lederhaube auf dem Kopf und seltsamen Schutzbrillen vor den Augen, und er warf mich zur Begrüßung hoch in die Luft, daß mir schwindelte. Als erstes kontrollierte er immer meine Köderfischchen.

Ich sah aufgeregt zu, wie er an seinem Ruderboot eine große Rolle mit 200 Meter starker Schnur festschraubte, die riesigen Drillinghaken mit dem Stahlvorfach bereitlegte, Handschuhe, Taschenlampen, Messer, eine Zange. Von meinem Schlafzimmerfenster aus beobachtete ich die Männer, wie sie auf den See hinausruderten, in die Dämmerung, ins Mondlicht. Am nächsten Morgen, noch vor dem Frühstück, lief ich in den kühlen Keller, und da hingen sie, ein oder zwei, manchmal auch drei riesige Hechte, aufgeschlitzt, ohne Schuppen. Ich sah den Raubfischen ins Maul, tastete die Zahnreihen ab, bekam eine Ahnung von der abenteuerlichen Lust, die es bedeutet, einen solchen Fisch an den Haken zu bekommen, mit ihm zu kämpfen, bis er endlich im Boot liegt. Einmal hing anstelle der Hechte ein schmutzigschwarzer Riesenfisch im Keller, mit einem Maul, so groß, daß mein Kopf hineinzupassen schien, mit langen Barteln, sein Schwanz streifte den Boden, er war länger als ich: ein Wels. Entsetzen packte mich, daß ich bis zu diesem Tage so arglos nackt im See geschwommen bin, wo doch dort unten, tief unten, solche Ungeheuer lauern. Dunkel erinnere ich mich, daß mein Onkel an jenem Tag erst gegen Mittag aus seinem Zimmer gekommen ist, daß er getanzt und siegestrunken herumgebrüllt hat, er habe den Fisch seines Lebens gefangen, er habe den Waller besiegt, von dem die Fischer am See seit Jahren reden, den aber bislang keiner herausgeholt hat, nur ihm sei es gelungen, und wieder hat er mich in die Luft geworfen.

Nach den Ferien am See, an einem Spätherbstnachmittag in der Stadtwohnung meiner Großmutter: Mir ist langweilig, ich liege am schön gemusterten Rand des großen Teppichs, zwischen den Stühlen, die um den Eßtisch stehen, habe einen Stab in der Hand, an den ich einen Bindfaden knüpfe. Ich werfe die Angel aus, träume mich weit weg, der Teppich wird zur Insel, der Parkettboden ist das Wasser, ich sehe die Fische, Karpfen, Barsche, Hechte, ich warte auf den großen Fisch, erlebe Abenteuer, bin längst eingeschlafen. Ich durfte als Kind kaum aus dem Haus, mußte mich an den Nachmittagen nach der Schule in der Wohnung aufhalten, und wenn ich nichts zu lesen hatte, phantasierte ich mir eine Welt zurecht, in der ich mich frei bewegen konnte, in der ich der Held war. Am liebsten waren mir die Angelerlebnisse. Mein Onkel ist übrigens mit seinem Motorrad tödlich verunglückt, da war ich neun Jahre alt. Danach bin ich nie wieder an den Ossiacher See gefahren.

Erst viel später wurde mir, der ich ein Lesender geblieben bin durch all die Jahre und das Vermitteln von Literatur zu meinem Beruf gemacht habe, klar, daß es einen elementaren Zusammenhang zwischen dem Dichten und dem Angeln gibt. Der Angler muß sich aus seiner Wirklichkeitserfahrung heraus eine Welt unter der Wasseroberfläche vorstellen, er muß sich in das nur ausnahmsweise mal sichtbar werdende Verhalten der Fische hineindenken und sein eigenes Handeln dann danach ausrichten, er muß entsprechendes Gerät zur Hand haben, die Fische anlocken, sie dazu bringen, daß sie sich für seinen Köder interessieren, sie schließlich an den Haken bekommen und aus dem Wasser holen. Wenn sein Bild von der Welt im Trüben richtig ist, dann hat der Angler Erfolg. Und wie der Angler muß auch der Dichter aus seiner Wirklichkeitserfahrung heraus sich eine Welt vorstellen, er muß in seinem Kopf Sprachkonstellationen bauen, er muß versuchen, sich über seine eigene und über die Bewußtseinswirklichkeit anderer Menschen die richtige Vorstellung zu machen, er muß immer wieder Zugang finden zur Welt des Unbewußten. Und wenn er die richtigen Bilder gefunden und die richtigen Zeichen gesetzt hat, wird ihm sein Werk gelingen. Nicht ohne Grund haben die Psychoanalytiker für das Unbewußte des Menschen das Bild des Sees gewählt, unter dessen Oberfläche das Verdrängte, das Vergessene, das Unbeachtete, die verlorene Erinnerung schlummert.

In den Jugendjahren hatte ich keine Gelegenheit mehr zu angeln. Einmal noch nahm mich der Vater eines Schulfreundes mit zum Fliegenfischen, aber ich stellte mich so ungeschickt an, daß es bei diesem einem Mal blieb. Und an einem Bach in der Nähe des Ferienhauses meiner Eltern versuchte ich, Forellen mit der Hand zu fangen, aber das gelang mir nie. Die Berichte von Nachbarn dort, die damit prahlten, daß sie früher, als die kleinen Gewässer noch klar und nicht »reguliert« waren, unzählige Forellen einfach so aus dem Wasser, aus Kuhlen unter überhängenden Böschungen oder aus den freigeschwemmten Wurzeln der Weiden herausgegriffen hätten, mißtraute ich so lange, bis mir ein alter Knecht zeigte, wie man das macht. Ich versuchte es auch, immer wieder, hatte aber kein Glück.

In meinem Inneren, tief verborgen in der Grauzone zwischen dem Unbewußten und dem in den hinteren Winkeln des Gedächtnisses Bewahrten, blieb die Sehnsucht nach einer Wiederholung der glückhaften Kindheitsträume vom Fischen lebendig. Immer wenn ich Bilder von Anglern sah, die ihre Beute präsentierten, kribbelte es mir in den Fingern, und ich meinte den stolzen Gesichtsausdruck der Abgebildeten zu kennen und zu verstehen. Immer wenn in Filmen oder im Fernsehen Angelszenen zu sehen waren, wurde meine Aufmerksamkeit geweckt, als handle es sich um ein Wissen, das für mich besonders wichtig sei, und ich lebte mit. Ich freute mich seinerzeit mit Tick, Trick und Track, wenn sie den neunmalklugen Donald Duck beim Eisfischen übertrafen, und ich lachte über die wunderbare Erfindung Daniel Düsentriebs, mit speziellen automatischen Würmern zu angeln, die auf die größten und schlauesten Fische eine unwiderstehliche Anziehungskraft hatten, und die, wenn einmal ein Fisch angebissen hat, eine Kette bildeten und den Fisch schnell und sicher an Land zogen. In »Brehms Tierleben« waren mir die Abschnitte über die Fische die liebsten, und in Jugendbüchern, in Romanen und Erzählungen waren neben Erotischem die erregendsten Stellen die, in denen von Fischen und Fischern die Rede war. Ich blieb an Parkteichen stehen und beobachtete die Goldfische, von Brücken schaute ich in Bäche und Flüsse, ob es denn hier Forellen gäbe, und an Seeufern oder auf Molen interessierten mich weniger die schönen Aussichten, unwillkürlich senkte sich der Blick aufs Wasser, versuchte die Spiegelungen und die Eintrübungen zu durchdringen. Wenn jemand sagt, er wolle den Dingen auf den Grund gehen, dann habe ich häufig solche Bilder vor mir: die Vorstellung von einer »Welt im Trüben«, die es zu durchdringen, zu erkennen, zu erhellen gilt durch (poetische) Imagination.

In alten Angelbüchern studierte ich eingehend die Beschreibung der gebräuchlichen Gerätschaften, ich wußte bald alles über Ruten und Rollen, Spulen, Schnüre, Haken, Posen und Blei, über Maden, Tauwürmer, Regenwürmer, Fliegen und Heuschrecken und andere Insekten, über Kaulquappen und Frösche und was es sonst noch an natürlichen Ködern gibt, ich empfand die »Hakenmontageanleitung« für Köderfischchen grausam, ich wunderte mich über die sonderbaren Rezepturen für Teigköder, die den Fischen besonders gut schmecken sollen, ich lernte zwischen der Schwimmangel, der Spinnangel, der Grundangel, der Tippangel, der Flugangel und der Schleppangel zu unterscheiden, wußte, wie man Nachtschnüre auslegt, ich studierte die Fischarten und ihre Namen, las alles über die Standorte und die Zugrichtungen der verschiedenen Fischarten, über den Einfluß der Witterung auf das Verhalten der Fische, ärgerte mich über den Normierungsgeist in den gesetzlichen Bestimmungen und über die Vereinsmeierei im Angelwesen, kurz: Ich konnte mich an allen Gesprächen über das Angeln beteiligen und Angelgeschichten erzählen, ohne daß es auffiel, daß ich keine Erfahrung hatte. Aber Angeln kann man nicht aus Büchern lernen.

Vor etwa sechs Jahren war es dann soweit: Ich begnügte mich nicht mehr, hin und wieder an der Istrianischen Küste die Angel auszuwerfen und kleine Fischchen aus der algentrüben Adria zu holen, ich wollte mehr, ich wollte »richtig« angeln. Mit meiner Familie machte ich Urlaub an einem finnischen See, im darauffolgenden Jahr in Schweden, ebenfalls an einem See, und wieder ein Jahr später kauften wir uns ein kleines Ferienhaus an einem småländischen Waldsee. Ich lernte angeln, mit einer Ausdauer und mit einer Leidenschaft, die ich mir nicht zugetraut hätte. Jede Fahrt mit dem Boot hinaus auf den See ist eine Erkundung, eine Entdeckungsreise, eine Geschichte, die sich vollzieht; natürlich ließ ich mir von erfahrenen Anglern etwas sagen, beobachtete die einheimischen Angler, die alten Bauern, die hinter den Wäldern, die den See umgeben, ihre Höfe haben.

Fast jeder Angler hat eine sehr eigene Vorstellung von »seinem« Fischwasser, und je länger er das Revier kennt, desto ausgeprägter sind die Gewißheiten, die Fische verhielten sich so oder so. Und fast jeder Angler hat bei der Wahl der Köder und der Angelmethoden seine ganz eigenen Rezepte und Tricks und Vorlieben. Ich habe mich dabei beobachtet, das ich jedesmal, wenn ich auf den See hinausfahre, eine neue Kombination von Blinkern und Twistern wähle und mir ganz sicher bin, daß heute gerade dafür der richtige Tag ist. Jede neue Erfahrung trägt zur Verfeinerung der Vorstellungswelt bei, wobei es unerheblich scheint, wie wirklichkeitsnah das Bild vom Ganzen ist. Der Angler, der sich seiner Einschätzung der wahren Verhältnisse in der Welt im Trüben gewiß ist, verliert, wenn er den Köder auswirft, nichts von der Spannung: Ist es so, wie ich es mir gedacht habe, oder ist es nicht so. Diese Anspannung hat etwas von lustvoller Angst, die sich im Erschrecken beim Biß des Fisches in Triumph auflöst oder sich in der Enttäuschung, diesmal nichts gefangen zu haben, verliert.

Angeln als Abenteuer: ein unbekanntes Revier kennenlernen, neue Angelmethoden, neue Fische. Gibt es auch beim Fischen die Sehnsucht nach »Vollständigkeit« der Erfahrung?

Eigenartig ist das Raumerleben beim Angeln. Gehe ich mit Pose und Wurm auf Friedfische, die Karausche, die Plötze, den Blei, so konzentriere ich mich auf einen kleinen Raum, den Winkel am Schilfrand, die kleine freie Fläche im Kraut; die Begrenztheit des Reviers läßt einen alles rundherum »ausblenden« – man lebt in der kleinen Welt. Das Aufschrecken aus dieser Geborgenheit, wenn in der Nähe Wildenten auffliegen oder über einem die Wildgänse schreien. Hingegen die Bewegung im großen Raum beim Schleppen, den See überquerend, um die Inseln herum und den Schilf- und Krauträndern entlang und in die Buchten fahrend. Die Weite verleitet zu Tagträumen, aus denen einen der Biß des Hechtes oder auch nur ein »Hänger« am Grund oder in Pflanzen unsanft weckt. Zwischen dem kleinen Revier beim Wurmangeln und dem großen beim Schleppen: das Rayon, das beim Spinnangeln durchzogen, durchkämmt wird. Hier sind die Gedanken fast immer nur auf das Angeln, auf die Bewegungen, die man den Blinker oder Twister machen läßt, konzentriert – hier müßte doch ein »großer« Fisch liegen, an dieser Bunenkante, an jenem Schilfrand. Und immer wieder der Schrecken, wenn »wirklich« ein Fisch anbeißt und man in diesem Augenblick aus der allgemeinen Wirklichkeit in die besondere Sphäre des »Kampfes« tritt.

Die Stunden auf dem See sind jedesmal ein Eintauchen in eine Art vorzivilisatorischen Bewußtseinszustand. Ich vergesse alles um mich herum, ich spüre, wie sich die Unterschiede zwischen Gut und Böse verwischen, wie das soziale Ethos sich verliert zugunsten der Regeln der Jagd: Der Stärkere, der Schnellere, der Listigere wird gewinnen. Dieses Jagdverhalten wird ausgelöst zum Beispiel, wenn ich sehe, daß kleine Fische springen, weil sie gejagt werden, und wenn ich dabei das ganz charakteristische Nachschnappgeräusch des Barsches oder des Hechtes höre. Beim Auswerfen der Angel empfinde ich in solcher Situation eine sonderbar konzentrierte Erregung. Und hat einmal ein großer Barsch, ein großer Hecht gebissen, dann beginnt der Kampf, bei dem der Angler nur gewinnen kann, wenn er keinen Fehler gemacht hat und macht: wenn er beim Zubiß den Haken richtig fest setzt, wenn er sein Gerät richtig vorbereitet hat, also das richtige Vorfach, die richtige Hakengröße, die richtige Rute, die richtige Schnur und die richtige Bremseinstellung an der Spule gewählt hat, wenn er den Zug richtig dosiert, wenn er den Fisch richtig lenkt und müde macht, wenn er ihm keine Gelegenheit läßt, den Haken herauszureißen, unter dem Boot oder über eine Kante abzuhauen, und wenn er ihn schließlich im entscheidenden Augenblick mit Kescher oder

Gaff aus dem Wasser holt. Wenn ich den Fisch töte, weiß ich bei jedem Schlag: Der wird mir schmecken, der wird mir gut schmecken,
der wird mir außerordentlich gut schmecken. Und wie erwachend betrachte ich dann die Beute, langsam nehme ich meine Umgebung wieder wahr, hole mich zurück in meinen »Normalzustand«.

Dieser grausame Akt hat, so vermute ich, eine Art reinigende, eine kathartische Wirkung, und er hat etwas Ekstatisches. Vielleicht
liegt darin die alte Symbolkraft der Figur des Fischers begründet, dessen Funktion in vielen Mythen, Märchen und Sagen an Priesterliches
erinnert. Die Zubereitung des Fisches, vom Entschuppen und Ausnehmen bis zum Würzen und Braten oder Kochen oder Räuchern,
gehört mit zum Ritual. Das heißt für mich auch, daß ich nie mehr Fische fange, als ich selbst und meine Familie und Freunde verzehren
können, die Möglichkeit der Zwischenlagerung im Tiefkühlschrank
natürlich mitgerechnet.

Der beschriebene Eintritt in den vorzivilisatorischen Bewußtseinszustand wird nicht immer nur durch den Jagdinstinkt ausgelöst,
und er wird auch nicht immer befördert durch die unbändige Sehnsucht nach dem großen Fisch, es ist oft eine Form der Kontemplati-
on, der Erbauung, der Geborgenheit im Naturerleben, was nichts mit
einer Naturverklärung zu tun hat, im Gegenteil. Die Sittengesetze,
die unser Verhalten im Alltag bestimmen, verlieren sich in der Eigen-
gesetzlichkeit unseres Zurücktretens in das Naturschöne. Zwei der
vielen Erlebnisse an »meinem« manchmal sehr unheimlichen See will
ich beschreiben.

In den Monaten Mai bis August gibt es bei schönem Wetter ein
erstaunliches Phänomen: Nachdem die Sonne untergegangen ist, die
Dämmerung schon fortschreitet, leuchtet die Landschaft für eine
Viertelstunde noch einmal auf, bevor sie in der Dunkelheit versinkt,
was um diese Jahreszeit gut eine Stunde dauert. Solches sagt man
auch von einem tödlichen Krankheitsverlauf: daß gegen Ende des Le-
bensprozesses noch einmal so ein »Aufleuchten« einsetzt. Und vom
Einschlafen kennt man das: Man ist schon in den Träumen, und dann
dringt die Wirklichkeit noch einmal hell in unser Bewußtsein, wir
nehmen sie »noch einmal« war. Zur Zeit dieses »Aufleuchtens« ist
am Ende eines heißen Tages die Beißlust der Fische am größten. – Was
sich am 4. September 1996 ereignet hat, habe ich in meinem Tagebuch festgehalten: »Bin früh aufgewacht, draußen war es kalt und
sehr neblig – ich bin bis halb acht im Bett geblieben. Die Sonne kam
bald durch den Nebel durch und wärmte die Luft rasch auf, mittags
hatte es bereits 20 Grad im Schatten. Ein schöner, sonniger Früh-
herbsttag. Am späten Vormittag fahre ich noch einmal auf den See
hinaus, angle ein wenig, aber ganz ohne Ehrgeiz, ich genieße die

Stille, die klare Luft. Plötzlich höre ich ein sehr fernes, sich nur langsam näherndes Geschrei: Ein riesiger Kranichschwarm fliegt von Nordosten her über den See, sehr hoch. Das Geschrei wurde zu Musik. Und dann kam ein zweiter Schwarm. Die beiden Kraniche, die im April wie jedes Jahr an unseren See gekommen waren, flogen mit ihren zwei Jungen aus ihrer Bucht, in der sie genistet hatten, in weiten Kreisen hoch. Der Vogelschwarm blieb stehen, begann in sich zu kreisen, die aufsteigenden Kraniche stimmten mit langgezogenen Rufen in den Gesang des großen Schwarmes ein, dann flogen die großen grauschwarzen Vögel ›in Formation‹ weiter nach Süden. Und noch ein dritter Schwarm überflog innerhalb dieser zwei Stunden den See. Ich war tief berührt, zum Haus zurückrudernd hatte ich Tränen in den Augen.«

Die hier in diesem Buch versammelten »Angelszenen« (den Freunden danke ich für ergänzende Hinweise!) enthalten jede auf ihre Weise etwas von der vielfältig faszinierenden Erfahrungswelt des Fischens. Sie thematisieren das Angeln als Kindheitsmuster, als Abenteuer, als Naturerlebnis, als Jagd nach dem großen Fisch, als Leidenschaft, als Mythos, als poetische Projektion, als literarisches Kuriosum. Und darüber hinaus dokumentieren die Texte, wie gesagt, auch meine der Lust am Lesen wie der Lust am Angeln entsprungene Überzeugung, daß die Imaginationskraft des Schriftstellers zumindest in einem Verwandtschaftsverhältnis zur Fähigkeit des guten Anglers steht, sich in die Lebenswelt der Fische hineinzuversetzen.

Manfred Mixner
Berlin, im Mai 1997

»Das Wasser und das vielseitige Leben in ihm, das durch die Abgeschlossenheit mit soviel Geheimnissen umgeben ist, machen den Menschen, der sich ihm verschrieben hat, nachdenklicher als andere und gefeit gegen viele Einflüsse der argen Welt.« Izaak Walton

Hermann Hesse um 1955

Befreit vom unerbittlichen Leistungsdruck in der Schule,
für kurze Zeit entkommen der grausamen Strenge eines
gefühlskalten Vaters, erlebt der Internatsschüler Hans
Giebenrath in Hermann Hesses Roman »Unterm Rad«
(1906) beim Angeln in den Ferien ein bescheidenes Glück.
So idyllisch diese einsame Angelszene erscheinen mag,
es liegt auch Trauer in ihr, man ahnt: Der empfindsame
Junge wird dem Terror eines unmenschlichen Erziehungs-
systems nicht standhalten, er wird sich das Leben nehmen.
Der feinsinnig-gefühlvolle Erzähler und Lyriker Hermann
Hesse (1877–1962) hat in diesem Buch viele Erlebnisse
seiner eigenen Jugend verarbeitet.

Früh am Morgen des ersten Ferientages stand Hans schon ungedul-
dig in der Küche und wartete auf den Kaffee, als die alte Anna noch
kaum aufgestanden war. Er half Feuer machen, holte Brot vom
Becken, stürzte schnell den mit frischer Milch gekühlten Kaffee hinunter, steckte Brot in die Tasche und lief davon. Am oberen Bahn-
damm machte er halt, zog eine runde Blechschachtel aus der Hosen-
tasche und begann fleißig Heuschrecken zu fangen. Die Eisenbahn
lief vorüber – nicht im Sturm, denn die Linie steigt dort gewaltig,

sondern schön behaglich, mit lauter offenen Fenstern und wenig Passagieren, eine lange, fröhliche Fahne von Rauch und Dampf hinter sich flattern lassend. Er sah ihr nach und sah zu, wie der weißliche Rauch verwirbelte und sich bald in die sonnigen, frühklaren Lüfte verlor. Wie lang hatte er das alles nicht gesehen! Er tat große Atemzüge, als wollte er die verlorene schöne Zeit nun doppelt einholen und noch einmal recht ungeniert und sorglos ein kleiner Knabe sein.

Das Herz klopfte ihm vor heimlicher Wonne und Jägerlust, als er mit der Heuschreckenschachtel und dem neuen Angelstock über die Brücke und hinten durch die Gärten zum Gaulsgumpen, der tiefsten Stelle des Flusses, schritt. Dort war ein Platz, wo man, an einen Weidenstamm gelehnt, bequemer und ungestörter fischen konnte als sonst irgendwo. Er wickelte die Schnur ab, tat ein kleines Schrotkorn daran, spießte erbarmungslos eine feiste Heuschrecke auf den Haken und schleuderte die Angel mit weitem Schwung gegen die Flußmitte. Das alte, wohlbekannte Spiel begann: Die kleinen Blecken schwärmten in ganzen Scharen um den Köder und versuchten ihn vom Haken zu zerren. Bald war er weggefressen, eine zweite Heuschrecke kam an die Reihe, und noch eine, und eine vierte und fünfte. Immer vorsichtiger befestigte er sie am Haken, schließlich beschwerte er die Schnur mit einem weiteren Schrotkorn, und nun probierte der erste ordentliche Fisch den Köder. Er zerrte ein wenig daran, ließ ihn wieder los, probierte nochmals. Nun biß er an – das spürt ein guter Angler durch Schnur und Stock hindurch in den Fingern zucken! Hans tat einen künstlichen Ruck und begann ganz vorsichtig zu ziehen. Der Fisch saß, und als er sichtbar wurde, erkannte Hans ein Rotauge. Man kennt sie gleich am breiten, weißgelblich schimmernden Leib, am dreieckigen Kopf und namentlich an dem schönen, fleischroten Ansatz der Bauchflossen. Wie schwer mochte er wohl sein? Aber ehe er es schätzen konnte, tat der Fisch einen verzweifelten Schlag, wirbelte angstvoll über die Wasserfläche und entkam. Man sah ihn noch, wie er sich drei-, viermal im Wasser umdrehte und dann wie ein silberner Blitz in die Tiefe verschwand. Er hatte schlecht gebissen.

In dem Angler war nun die Aufregung und leidenschaftliche Aufmerksamkeit der Jagd erwacht. Sein Blick hing scharf und unverwandt an der dünnen braunen Schnur, da, wo sie das Wasser berührte, seine Backen waren gerötet, seine Bewegungen knapp, rasch und sicher. Ein zweites Rotauge biß an und kam heraus, dann ein kleiner Karpfen, für den es fast schade war, dann hintereinander drei Kresser. Die Kresser freuten ihn besonders, da der Vater sie gerne aß. Sie haben einen fetten, kleinschuppigen Leib, dicken Kopf mit drolligem weißem Bart, kleine Augen und einen schlanken Hinterleib. Die Farbe ist zwischen Grün und Braun und spielt, wenn der Fisch ans Land kommt, ins Stahlblaue.

Inzwischen war die Sonne hochgestiegen, der Schaum am obern Wehr leuchtete schneeweiß, über dem Wasser zitterte die warme Luft, und wenn man aufblickte, sah man über dem Muckberg ein paar handgroße, blendende Wölkchen stehen. Es wurde heiß. Nichts bringt die Wärme eines reinen Hochsommertages so zum Ausdruck wie die paar ruhigen kleinen Wölkchen, die still und weiß in halber Höhe der Bläue stehen und so mit Licht gefüllt und durchtränkt sind, daß man sie nicht lange ansehen kann. Ohne sie würde man oft gar nicht merken, wie heiß es ist, nicht am blauen Himmel noch am Glitzern des Flußspiegels, aber sobald man die paar schaumweißen, festgeballten Mittagssegler sieht, spürt man plötzlich die Sonne brennen, sucht den Schatten und fährt sich mit der Hand über die feuchte Stirne.

Hans achtete allmählich weniger streng auf die Angel. Er war ein wenig müde, und sowieso pflegt man gegen Mittag fast nichts zu fangen. Die Weißfische, auch die ältesten und größten, kommen um diese Zeit nach oben, um sich zu sonnen. Sie schwimmen träumerisch in großen dunklen Zügen flußaufwärts, dicht an der Oberfläche, erschrecken zuweilen plötzlich ohne sichtbare Ursache und gehen in diesen Stunden an keine Angel.

Er ließ die Schnur über einen Zweig der Weide hinweg ins Wasser hängen, setzte sich auf den Boden und schaute auf den grünen Fluß. Langsam kamen die Fische nach oben, ein dunkler Rücken um den andern erschien auf den Fläche – stille, langsam schwimmende, von der Wärme emporgelockte und bezauberte Züge. Denen konnte im warmen Wasser wohl sein! Hans zog die Stiefel aus und ließ die Füße ins Wasser hängen, das an der Oberfläche ganz lau war. Er betrachtete die gefangenen Fische, die in einer großen Gießkanne schwammen und nur hin und wieder leise plätscherten. Wie schön sie waren! Weiß, Braun, Grün, Silber, Mattgold, Blau und andere Farben glänzten bei jeder Bewegung an den Schuppen und Flossen.

Es war sehr still. Kaum hörte man das Geräusch der über die Brücke fahrenden Wagen, auch das Klappern der Mühle war hier nur noch ganz schwach vernehmbar. Nur das stetige milde Rauschen des weißen Wehrs klang ruhig, kühl und schläfernd herab und an den Floßpfählen der leise, quirlende Laut des ziehenden Wassers.

Helmut H. Schulz
Götterdämmerung

Helmut H. Schulz ist 1931 in Berlin geboren und ist hier auch aufgewachsen. Seit 1974 lebt er als freier Schriftsteller in Berlin. Seine Romane und Erzählungen wurden seinerzeit in der DDR viel gelesen, der Familienroman »Dame in Weiß« war so etwas wie ein Bestseller. Schulz kennt und liebt die märkischen und mecklenburgischen Seenlandschaften seit seiner Kinderzeit und hat schon früh seine Leidenschaft fürs Angeln entdeckt, das auch in seiner Literatur den entsprechenden Niederschlag gefunden hat, zum Beispiel in der Erzählung »Götterdämmerung« (1990), der die folgende Hecht-Geschichte entnommen ist.

Ja, dem Wasser galt seine besondere Neigung. Im Frühjahr, wenn der Hecht im flachen Wasser steht, wenn alles Getier aufbricht, brachen auch wir auf mit Netz, Rute und Haken für den Fisch und Essen für uns. Mein Großvater schob seinen Kahn ins Wasser; er ruderte, während ich steuerte. Die Sonne stand gerade eine Handbreit über dem Horizont, von ihren Wolkenpferden umgeben, gestützt auf blasse Dunstbänke; eine lange graue Wand zog vom Westen herauf.

Mein Großvater legte übrigens wie Heraklit allen Dingen die Größe zu, die sie zu haben scheinen. Daher sprach er von einer kleinen Sonne oder von einem großen Stern. Irgendwann zog er die Riemen ein und machte das Boot an den Steckstangen fest. Stunde um Stunde konnte er sitzen und dem Schwimmer zusehen, nicht nur seinem, sondern auch meinem; er wußte gut Bescheid mit Plötzen, Blei und Zander, mit Rotfeder, Hecht und Wels. Mich ließ er Barsche fangen, soviel ich wollte. Er selbst fertigte kunstvolle Anstecker für das Raubzeug, kleine Fische mit mehreren versteckten Haken, ein trügerischer Bissen und ein tückisches Fanggerät, der Köder mußte noch leben. War die Prozedur auch grausam, so war sie doch wirkungsvoll.

Und es kam wahrhaftig der Tag, wo ich selbst seine Angel halten durfte, und es geschah das Wunder: Ein großer Fisch biß an! Ich fühlte sein Gewicht und gab Rolle auf Deibel komm raus, wie ich es bei ihm gesehen hatte. Ich dachte, wann ist die Sehne zu Ende und was wird, wenn sie zu Ende ist? Dann nimmt er mir die Rute und den Fisch weg. Ich wußte, daß die Rute nicht so leicht brach. Sie war aus feinem Rohr, das feinste, das es damals gab, und die Rolle kam aus dem fernen Kanada. Viel Geld gab mein Großvater Asa-Thor Stadelhoff für sein Angelzeug aus.

Für meine Großmutter war die Angelei der Anlaß, einmal folgende Geschichte zu erzählen:

Thor kam zu einem Riesen, der Hymir hieß. Sie beschlossen, auf Fischfang zu gehen. Der Riese meinte, er werde an Großvater Asa-Thor keinen Helfer haben. Großvater aber besorgte sich Köder. Er

holte sich das Haupt des Stieres Himinbrjot, das ist der Himmels-
brecher, nämlich die Spitze eines Eisberges. Asa-Thor, dein Großvater, ruderte das Schiff immer weiter aufs Meer hinaus. (Ich war
schon einige Male so weit hinausgekommen, daß ich mich im Kreise drehen konnte und stets nur den Himmel über mir sah. Es war ein
großes Gefühl. Die See war ruhig, und das Meer war gut, anders als
der Wind, auf den wenig Verlaß ist.) Weit also war mein Großvater
Asa-Thor Stadelhoff mit dem Riesen gekommen, sehr weit, und Hymir wollte anhalten, weil es gefährlich werde, noch weiter hinaus-
zufahren. Asa-Thor machte noch ein paar Schläge und warf die
Angel aus, an die er zuvor den Stierkopf gesteckt hatte. (Welch ein
Einfall, mit einem Stierkopf zu angeln, und was konnte er wohl
damit fangen?)

Nun schnappte die Mitgard-Schlange nach dem Köder, sagte meine Großmutter; vielleicht war dein Großvater überhaupt nur ausge-
zogen, um das alte böse Übel, die Schlange, die den ganzen Erdkreis
umspannt, zu fangen und zu töten. Na gewiß, sagte meine Großmutter, es war ein hartes Stück Arbeit für deinen Großvater. Er stemmte
sich mit dem einen Fuß auf das Dollbord, und mit dem anderen trat
er den Boden durch, so daß er auf dem Meeresgrund zu stehen kam.
Es gelang ihm, das Ungeheuer bis an das Schiff zu holen; der hat das
Furchtbarste noch nicht geschaut, der es nicht gesehen, heißt es im
Lied. Die Schlange spie Gift, und Asa-Thor tastete nach dem Ham-
mer, um ihr den Kopf zu zerschlagen. Vielleicht hätte die Welt einen
anderen Lauf genommen, wäre es ihm gelungen, aber der Riese Hymir schnitt mit dem Ködermesser die Angel entzwei, daß die Schlange zurücksank ins Meer.

Ja, es hätte ihm gelingen sollen, das Böse auszurotten, ein für
allemal, aber es ging nicht, weil immer was dazwischenstand, und,
meine Großmutter kniff die hellen Augen zusammen und strich über
mein Haar, das aussah wie reifer Weizen, so blieb es, wie es bis heute ist.

Unterdessen summte die dünne harte Sehne herunter, rasselte die
Rolle, und mein Fisch zog immer weiter aus der Bucht heraus. Zorn
auf den Fisch kam über mich, weil er mir widerstand wie die Mitgard-Schlange, das Urböse. Vollgestopft mit den alten Geschichten
meiner Großmutter, wußte ich nicht mehr, wer ich war, der entsetz-
te Riese oder der fischende, ringende Thor.

Aber mein Großvater sah ruhig zu, er griff nicht ein, und das bedeutete, er schenkte mir sein volles Vertrauen. Er sah, was ich auch
sah, daß die Sehne abschwirrte und zuletzt die Spitze herunterbog.
Dann war plötzlich kein Gewicht mehr da. Nun hätte er sagen müssen: Fang man an, hol ihn dir! Aber er sagte immer noch nichts,

er tat, als ob ihn das alles nichts anginge. Er besaß Gefühl für den Stolz eines anderen, und ihm gehörte der Fisch nach altem Brauch auch nicht. Ich hatte ihn gefangen oder fast gefangen; mir gehörte er. So schwieg mein Großvater also und sah gleichmütig zur Seite ins Wasser. Strich um Strich holte ich Sehne ein. Mein Großvater half mir auch nicht, als der Fisch aus dem Wasser kam, gierig, mit bösen gelben Katzenaugen, das Krokodilmaul weit aufgerissen, er wußte, es ging um sein Leben. Mir fiel das Bild von Asa-Thor wieder ein, wie er damals die Schlange geholt, ich aber brauchte nur das Netz zu nehmen. Ich wollte meinen Fisch allein holen, und ich holte ihn allein. Allerdings war er höchstens sechzig Zentimeter lang, mehr Maul als Fisch. Die Kiefer halboffen, die Augen noch lebendig, so starb er, ohne daß ich ihm dabei half. Ich genoß seinen Tod und respektierte seinen Kampf. Allerdings war ich enttäuscht über seine Größe und warf einen vorsichtigen Blick auf meinen Großvater. In meiner Einbildung hatte es sich um einen mächtigen Fisch gehandelt. Mein Großvater lachte und bemerkte nur trocken, daß man es nicht glauben sollte, was ein kleiner Hecht aufführen könne. Er gab mir viel Selbstvertrauen. Ich war in einer Hinsicht ein Mann geworden; ein Mann zu werden galt viel damals.

Der österreichische Erzähler Franz Nabl (1883–1974), dessen erstes Buch »Hans Jäckels erstes Liebesjahr« 1908 auf Empfehlung Arthur Schnitzlers in Berlin veröffentlicht wurde, steht in der Tradition des poetischen Realismus. In seiner Prosa und in seinen Theaterstücken spiegelt sich zunächst das alltägliche (klein-)bürgerliche Leben mit seinen kuriosen Wechselfällen und Verstrickungen, in seinem Alterswerk wird mehr und mehr die menschenleere Natur zum Schauplatz seiner Geschichten, und zuletzt veröffentlicht er nur mehr autobiographische Schriften. Seinem Erzählband »Der erloschene Stern« (1962), dem wir eine Episode aus der Erzählung »Kaltes Blut« entnommen haben, hat er den Untertitel »Eine Kindheit und Jugend um die Jahrhundertwende« gegeben.

Franz Nabl
Kaltes Blut

Tiere mit kaltem Blut haben in meiner Jugend eine bedeutendere Rolle gespielt als bei den meisten anderen Kindern. Das kam daher, daß mein Vater, ein land- und forstwirtschaftlicher Beamter, aus Gründen, die hier nicht erörtert zu werden brauchen, vor der Zeit in den Ruhestand trat und nun, zum Teil um die gewohnte Beschäftigung nicht ganz zu entbehren, zum Teil aus Rücksicht auf die Gesundheit seiner Kinder, ein Landgut in den niederösterreichischen Vorbergen erwarb. Zu diesem Gut gehörte neben der Jagd auch ein klarer und reich besetzter Forellenbach. Für die Jagd auf Rehe und auf Hochwild war ich noch zu klein, die blieb einstweilen dem Vater selbst und den älteren Brüdern vorbehalten, aber auch später, als ich dazu schon groß genug gewesen wäre, konnte ich mich für sie nicht recht begeistern. Um so lebhafter begann mich bald das Forellenangeln zu locken, obwohl es mit Verzweiflung und Wehgeschrei des Fünf- oder Sechsjährigen begann. Die Eltern hatten ihm zum Geburtstag einen Angelstock und dazu eine Fischereikassette geschenkt. Sie enthielt alle möglichen Dinge für Fluß- und Seefischerei, nur fürs Forellenangeln im durchsichtigen Bergbach fand sich, ein paar künstliche Fliegen und eine plumpe künstliche Heuschrecke ausgenommen, wenig Brauchbares darin. Bevor ich nun mit dem Kinderfräulein zum ersten Beutezug ausrückte, wurde unser Wirtschafter angewiesen, mir das Angelzeug zusammenzurichten. Als ehemaliger Wildschütze und nunmehr wohlbestallter Reisjäger wußte er zwar um die Jagd Bescheid, von der Fischerei jedoch, besonders in ihrer verfeinerten Form, mochte er wenig Kenntnisse besitzen. Immerhin steckte er den dreiteiligen Stock gehörig zusammen, zog die Schnur durch die Ösen und band an ihr Ende eine der künstlichen Fliegen. Mit der möge ich es immerhin versuchen, meinte er nicht ohne deutlich bemerkbaren Zweifel und indem er hinzufügte, mit dem Regenwurm wäre es gewiß verheißungsvoller. So wanderte ich nun an Seite meiner völlig unbeteiligten Begleiterin den Bach entlang und ließ da und dort die

Fliege auf dem eiligen Wasser schwimmen. Der Erfolg blieb einstweilen aus, denn ich hatte keine Übung darin, die Fische in der unruhigen Strömung zu erspähen. Endlich kamen wir zu einer Brettsäge und eine kleine Strecke weiter bachaufwärts zu ihrem Wehr, von dem das Wasser durch einen mit Algenfahnen behangenen Fluder zum oberschlächtigen Rad geführt wurde. Unterhalb des Wehrs bildete der Bach einen tiefen, nur schwach kreisenden Dumpf, und in ihm entdeckte auch das ungeübte Auge viele kleinere und größere Forellen. Und wie ich nun, ungeschickt genug, das künstliche Federspiel auf die Wasseroberfläche warf, schoß einer der Fische plötzlich hoch, schnappte die Fliege, und alsbald spürte ich jenes merkwürdige, den Angler jedesmal aufs neue erregende lebendige Ziehen und Zucken, das ich von da an nie wieder vergessen sollte. Damals freilich faßte mich keine erregende Freude, sondern Angst und Verzweiflung. Ob das Tier selbst mir bange machte oder die Sorge, es könne mir den Angelstock aus der Hand reißen, das weiß ich heute nicht mehr. Ich schrie und schrie immerzu, und auch meine Begleiterin, ahnungslos darüber, was eigentlich geschah, begann zu schreien. Wer vermag zu sagen, wie das Abenteuer ausgegangen wäre, hätte unser Gebrüll den Sägemeister nicht an den Ausguck oberhalb des sich langsam drehenden Rades geführt. Sobald er sah, was sich da abspielte, stimmte er in unser Geschrei nur mit lautem Lachen ein, kam rasch herbeigeeilt und schleuderte, indem er mir die Rute aus der Hand nahm, den angehakten Fisch im Bogen auf das erhöhte Rasenufer. So hat der Fünf- oder Sechsjährige seine erste Forelle gefangen. Daß er siebzig Jahre später noch immer der gleichen Leidenschaft verfallen sein würde, das konnte er damals allerdings nicht ahnen.

Der Schriftsteller Gerhard Roth hat den 90jährigen Franz Nabl im Sommer 1973 in dessen Bauernhaus in Schwarzau in Niederösterreich besucht:

Wir gingen am Abend oft fischen. Er trug immer ganz selbstbewußt seine schöne englische Angel, und er hatte immer einen schwarzen Trachtenhut mit grünem, breitem Band auf dem Kopf, Gummistiefel an den Füßen und oft eine grüne Joppe am Körper. Wir gingen die Hauptstraße hinauf und bogen dann zum kleinen Fluß ab, und ich erinnere mich daran, daß es ganz natürlich war zu schweigen, und er sagte ab und zu den Namen einer Blume oder einer Pflanze, weil er wußte, daß es mir Freude machte. Wenn ich Genaueres wissen wollte, wußte er zumeist eine Geschichte aus seiner Kindheit, die er

Franz Nabl

mit Erklärungen über die Pflanze verband. Er hatte verschiedene Plätze, an denen er fischte: Gerne stellte er sich auf ein Wehr, das zwei oder drei Meter über das Wasser ragte, und warf von dort die Fliege aus, und er hatte es gerne, wenn wir dabei nicht sprachen. Er war still, und ich konnte im Wasser die Forellen schwimmen sehen, und die Sonne ging langsam unter. Er sagte mir, daß er gerne bei Sonnenuntergang fischte, die Engländer würden es »evening-rise« nennen. Holte er einen Fisch vom Wehr aus aus dem Wasser, dann war er behutsam, aber zugleich ein wenig erregt, und ich fürchtete hin und wieder, er könnte in das Wasser fallen. Ein anderer Platz, an dem er gerne fischte, waren die Gebüsche unter dem Wehr. Man konnte von dort aus die Fische zwar schwer von den Steinen unterscheiden, aber das ging offenbar nur mir so, denn er deutete mit spitzem Finger auf einen Fleck und sagte: »Das ist ein ganz großer!« Er tötete die Fische sehr ungern, zeigte es mir aber und war froh, daß in der Folge immer ich es tat.

Der Onkel, ein angesehener Frauenarzt und leidenschaftlicher Forellenangler, war in seiner Jugend Leichtathlet, er ist sogar gegen den Weltmeister Nurmi angetreten, hat aber damals verloren, deshalb nennt ihn die Verwandtschaft spöttisch Onkel Nurmi. Wirklich geliebt wird der kauzige Onkel nur von seinem Neffen, dem Ich-Erzähler des Romans »Nurmi oder Die Reise zu den Forellen« (1996); der Junge hat seinem Onkel Nurmi wunderbare Erlebnisse zu verdanken. So ist Onkel Nurmi einmal mit ihm nach Finnland zum Forellenangeln gefahren, und dabei hat der Neffe eine sehr sonderbare Begegnung mit einem verführerischen Mädchen gehabt. Einer der schönsten, der berührendsten Abschnitte dieses poetisch-heiteren Buches von Gerhard Köpf, dem 1948 in Pfronten im Allgäu geborenen Erzähler, der in München lebt und sein Brot als Professor für Gegenwartsliteratur verdient, ist das Schlußkapitel, in dem er beschreibt, wie der Neffe ein letztes Mal mit seinem Onkel zum Angeln geht.

Es war ein Tag zum Sonneputzen. Beide wußten wir, daß es zum letzten Mal sein würde, als wir die Ruten ineinandersteckten, das Geräusch aufsteigender Wasservögel hörten und das Morgenlicht im Rücken spürten. Natürlich trug ich meinen Stockmann. Mein Onkel blieb am Ufer, starrte lange in die quirlige Strömung und hörte auf ihre Musik. Er stand mit seiner Rute wie ein Soldat Gewehr bei Fuß.

»Heut ist der Tag für Reizfliegen«, lautete sein Befehl, ehe er hineinwatete. Wir nahmen die Fliegen vom Hut.

»McGuinty, Achterhaken!«

Es konnte losgehen. Ich sah, wie es den Onkel freute, noch einmal den Druck der Strömung gegen seine Stiefel zu spüren.

Wie ein Lasso flog seine Schnur über den gekräuselten Spiegel, und ich atmete die schöne kalte Novemberluft, die schon ein wenig nach Schnee roch.

Dann angelten wir uns gemächlich am Ufer entlang. Mein Onkel fischte wie immer voraus. Ich versuchte, ihn so zu beobachten, daß er es nicht merkte. Aber er merkte es doch. Wieder bewunderte ich ihn, wie er seiner Fliege Zeit genug ließ, sanft aufzusetzen, indem er sie vor dem Fallen mit einer winzigen Bewegung aus dem Gelenk heraus leicht abbremste. Es sah alles ganz leicht aus. Wortlos schoben wir uns flußaufwärts auf die Mitte zu, wo die Strömung kräftiger wurde.

»Flußaufwärts, dem Zeitstrom entgegen, beginnt die Erinnerung.«

Nach einer Weile erspähten wir gleichzeitig die Rückenflosse einer herrlichen Forelle, die wie ein Skalpell das Wasser teilte. Eine leichte Brise kam auf und färbte das wellige Silber schwarz. Wir rückten vorsichtig näher, und einen Augenblick glaubte ich, den hellen Forellenbauch zu sehen und die Stelle, wo er in den Regenbogen übergeht. Es war ein wunderbarer Fisch.

Onkel Nurmis Fliege schwebte und tanzte und lockte mit ihrem Schatten. Die Forelle stieg, und die Fliege verschwand einen Augenblick in einem kleinen Strudel. Das reizte den Fisch, und es war zugleich der kritische Moment. Ab jetzt durfte nichts mehr schiefgehen. Der Fisch sprang, doch noch hatte er nicht angebissen. Er stemmte sich stolz gegen die Strömung und spielte sein Spiel: er mit uns wie wir mit ihm. So ging es eine halbe Ewigkeit, in der es nur uns drei gab auf der Welt.

Dann plötzlich ein winziger Ruck.

Das Wasser sprudelte auf.

Die Rute zuckte, ehe sie sich bog.

»Die Forelle ist nur deshalb der Verlierer, weil sie sich gegen die Strömung stellt.«

Onkel Nurmi schnalzte beglückt. Er faßte die Rolle nicht nach, sondern gab dem Fisch Leine. Meterweise riß die Forelle sie herunter. Die Rute krümmte sich stärker. Mein Onkel hielt sie in gleichmäßigem Zug. Er hatte einen Meisterwurf getan. Er war wirklich ein Künstler und hatte es noch einmal bewiesen. Als der Fisch stehenblieb, hielt der Onkel sanft dagegen. Dann holte er behutsam ein wenig Schnur ein. Ich steckte meine Angel in meinen Stiefel, pirschte mich an wie ein Indianer, so daß kein Schatten auf das Forellenloch fiel, löste den Kescher vom Rücken, tauchte ihn fischwärts ins Wasser, höchst vorsichtig, als wäre ich auf Schmetterlingsjagd, denn schon hatte ich die Forelle nervös gemacht. Das Schlitzohr drehte ab, auf das entgegengesetzte Ufer zu, doch mein Onkel zwang es entschlossen zur Umkehr. Immer dichter holte er sie heran, so dicht, daß ich den Regenbogen sah.

Was für ein Fisch!

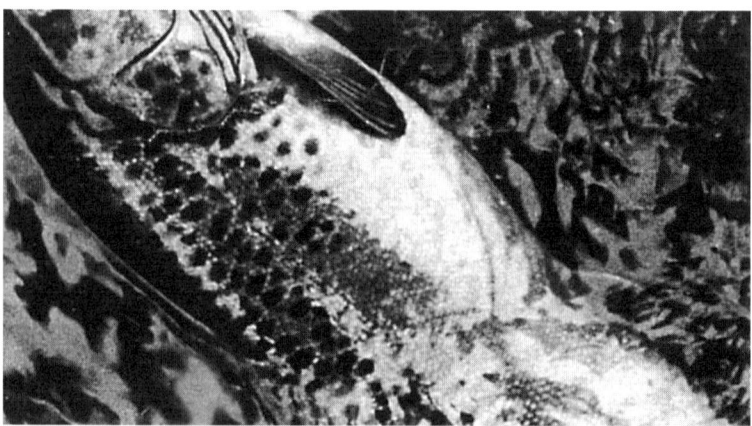

Jetzt standen wir dicht bei dicht, und ich übernahm, hundertfach geübt, die Rute, während der Onkel mit der einen Hand den Kescher umfaßte, mit der anderen steil ins eisige Wasser griff: direkt unter den Fischbauch. Ich sah die gesprenkelte alte Männerhand, und ich sah den weißlichen Bauch des Fisches, und ich schwöre, diesen Anblick nie zu vergessen. So zart ging mein Onkel vor. Dann hob er den Regenbogen. Die Forelle schimmerte im Spätherbstlicht, wie ich wohl nie mehr eine Forelle habe schimmern sehen. Sie glänzte und kämpfte, und ihre Farben wurden eins mit den Altersflecken auf der Hand meines Onkels.

Er hob die Forelle hoch wie sein letztes Kind, das er auf die Welt holte, und ich glaube, er hatte Tränen in den Augen. Oder waren es nur Wasserspritzer? Als er den Fisch anlandete, löste er ihn sanft vom Haken. Dann bette er den Fang voller Zuneigung und Würde zurück ins Wasser, wartete, bis die Flossenschläge kräftiger wurden – und gab ihn für immer frei.

Auf dem Gesicht meines Onkels stand ein grandioses Lächeln. Seine Regenbogenhände zitterten. Er sah mich an, und ich wußte, daß ich nichts zu sagen brauchte. Lange schwiegen wir. Danach gönnten wir uns ein Bier. Der Onkel zog den Strohhalm aus seiner Brissago: »Mal sehen, ob ich die überhaupt noch aushalte.«

Wir rauchten und saßen noch eine gute Weile am Fluß.

Nach dem Angeln vergeht die Zeit anders. Es ist, als folgte sie veränderten Gesetzen. Wir lasen das Wasser, und wir lasen die Wolken, und der Onkel brummte vor sich hin: »Weißt du, Kleiner, bei vielem war ich dabei. Dazugehört habe ich selten. Wahrscheinlich ist der Mensch deshalb so ziemlich das traurigste Geschöpf unter der Sonne, weil er sich in eine Sehnsucht verrannt hat, die allen Naturgesetzen widerspricht. Manche nennen diese Sehnsucht Liebe, und es ist hoffnungslos unmöglich, sie je zu stillen, denn das Ding ist zart wie eine Seifenblase. Trotzdem würde ich mich gern noch einmal dieser Illusion hingeben, die einem schier das Fell über die Ohren ziehen kann. Aber ich bin ein alter Gringo und habe mich längst wie eine Schildkröte in meinen Panzer verkrochen.«

Es war in diesem Augenblick schwer zu erkennen, ob mein Onkel ein Kind war oder ein alter Mann. All das geschah wie zum ersten und zugleich zum letzten Mal und schenkte mir Bilder, die mich nicht verlassen werden. Man schaut den Wolken nach und glaubt, man habe das ganze Leben noch vor sich. Aber der Doktor hatte es hinter sich. Er hatte es auf seinem Lauf überholt. Das verrieten die Furchen seiner Stirn.

Kurze Zeit später starb mein Onkel Nurmi, plötzlich und unerwartet, wie die Zeitung behauptete. Diesmal hatte er nicht weglaufen können. Und ich glaube, er hat es auch gar nicht gewollt. Die Rabe fand ihn draußen vor dem Haus auf seiner Bank. Der Kopf war ihm einfach auf die Brust gesunken. Am Ziel angekommen, saß er da mit dem Gesicht eines schlafenden Vogels, der sich soeben über jenen Zaun träumte, der um Onkel Nurmis Herz gezogen war.

Meine Kindheit war damit zu Ende, und ich fühlte mich wie einer, der sorglos hinausgewandert ist und erst am späten Nachmittag merkt, daß er vor dem Dunkelwerden nicht mehr nach Hause kommen kann.

Fischerin, 1926

Geboren wurde der Schriftsteller Miguel Delibes 1920 in Valladolid. Er arbeitete zunächst als Jurist, bis er mit dem Schreiben genügend Geld verdienen konnte. Delibes ist ein erfolgreicher realistischer Erzähler, seine Geschichten spielen in der Welt der kleinen Leute auf dem Lande und im städtischen Kleinbürgertum. 1991 erhielt er für sein Gesamtwerk den Spanischen Nationalpreis für Literatur. Im Jahre 1969 erschien sein Erzählband »Viejas historias de Castilla la Vieja« – »Alte Geschichten aus dem alten Kastilien«, eine Sammlung von kleinen Szenen aus dem Alltagsleben, der die Episode vom »Krebsfischen zu Sankt Vitus« entnommen ist, ein schönes Beispiel für das Fischen in einer intakten Dorfgemeinschaft.

Der Bach Moradillo entspringt an der Fuente de la Salud und fließt durch den Pappelwald, der bei uns Los Encapuchados heißt. Dann fließt er gemächlich zwischen zwei Mauern aus Bandweiden und Schilf in Richtung Malpartida. Kurz hinter Malpartida, so weiß ich, mündet er in den Aceitero, der seinerseits in der Nähe von Bellver de los Montes mit dem Sequillo zusammenfließt; das Wasser des Sequillo wiederum speist den Valderaduey, und der Valderaduey fließt schließlich unmittelbar in der Hauptstadt in den Duero. Bekanntlich mündet der Duero bei Oporto in den Atlantik, und das bedeutet, daß aus meinem von Natur aus seßhaften Dorf zumindest einer reist, und zwar das Wasser aus der Fuente de la Salud, von dem man sagt, daß es bei Ekzemen sehr gute Wirkung zeigt. Auch bei Furunkeln, Psoriasis und anderen Hautproblemen. Obwohl der Vater sich damals, als er auf dem Rücken einen Hautausschlag bekommen hatte und deswegen in den Moradillo gestiegen ist, nur eine Lungenentzündung geholt hat. Wie dem auch immer sei, mein Dorf ist wegen dieses Wassers zu einem Wallfahrtsort geworden. Und die Wallfahrer kamen vermehrt, als um das Jahr neun die junge Sisina, die Tochter von Telesforo und Herkulana, im Alter von zweiundzwanzig Jahren von einem barbarischen Kerl vergewaltigt wurde und sterben mußte, weil sie ihre Jungfräulichkeit verteidigte. Don Justo del Espírito Santo hat sich ihrer Ehrenrettung widersetzt und sie nicht ausgesegnet, was die Leute im Dorf noch immer beschäftigt. Aber das steht auf einem anderen Blatt.

Ob das Wasser des Moradillo nun Heilwirkung hat oder nicht, die Krebse gedeihen darin jedenfalls besonders gut. Und um die Jahrhundertwende hatte man mit einem Fischnetz und vier Stangen schnell einen Sack voll davon gesammelt, bei Nordwind waren es leicht auch drei oder vier. Damals waren die Bestimmungen noch nicht so streng, und man konnte die Krebse mit einem Käscher fangen, wie es sich gehört, aber auch mit einem Wurfnetz, einem Fischnetz oder mit der blanken Hand, allerdings auf die Gefahr hin, daß, wie es im Volksmund heißt, wer Fisch essen will, sich den Hintern naß macht. Zu Sankt Vitus zogen die Familien aus dem Dorf scharenweise ans Wasser, um Krebse zu fangen, und bei Sonnenuntergang versammelte man sich bei Los Encapuchados zum Picknick. Jeder hatte seinen klar zugewiesenen Uferplatz, und Vater, Mutter, die Zwillinge, Tante Marcelina und ich, wir ließen uns immer bei den sieben angrenzenden Pappeln nieder, die im Dorf, warum auch immer, Los Siete Sacramentos hießen. Sobald wir am Fluß waren, legte Vater sorgsam an den tiefsten seichten Stellen die Fangnetze aus und schob dazu mit der Mistgabel das Schilf auseinander. Vater setzte als Köder üblicherweise Dörrfleisch ein, aber wenn das wenig Erfolg versprach, gab er mir die Hacke, und ich mußte in der feuchten Erde nach Regenwürmern suchen. Nur in den seltensten Fällen verschmähen die Krebse diese Köder. Ponciano hingegen bestückte die Fangnetze mit gerösteten Kartoffeln, der Gemeindeschreiber Valentin setzte Pferdemilz ein, und es gab sogar Leute, zum Beispiel Don Justo del Espírito Santo, der Gemeindepfarrer, die Roggenbrotkruste benutzten. Die Pfiffigsten von allen waren wohl die Hernando-Brüder, die vom Páramo de Lahoces, die ein Fischnetz auslegten und dann das Wasser aufwirbelten, bis sich das Netz mit Krebsen gefüllt hatte. Wenn es langsam dunkel wurde im Gebüsch, garte jeder auf seine Art die Krebse über dem offenen Feuer, und wir Kinder schnitzten uns aus den dicksten Kartoffeln, die entsprechend gehöhlt waren, Pfeifchen. Ich weiß noch, daß meine Mutter die Krebse nach einem Rezept zubereitete, das schon meine Urgroßmutter kannte. Dazu wurden die lebenden Krebse fingerhoch in Öl und mit einer Handvoll Salz aufgesetzt, und wenn sie fast tot waren, kam eine mit dem bloßen Daumen zerquetschte Knoblauchzehe hinein. Das ganze Geheimnis dieses Rezeptes war ein guter Schuß Essig, und zwar genau dann, wenn die Krebse rot zu werden beginnen. Das Fest im Grünen endete allerdings oft unschön wegen Vater, weil er immer zu tief ins Glas guckte. Und der Roséwein von Marchamalo ist gefährlich, er steigt einem schnell zu Kopf.

Norman Maclean

Aus der Mitte entspringt ein Fluß

Sommertage auf dem Lande, im Westen von Montana, ein Angel-Ausflug zweier ungleicher Brüder mit dem alten Vater, der ihnen seinerzeit das Forellenfischen beigebracht hatte, Kindheitserinnerungen. Ein Roman auf der Suche nach dem verlorenen Paradies, ein Buch der Sehnsucht nach dem richtigen Leben: »Aus der Mitte entspringt ein Fluß«. Norman Maclean (1902–1990), der Autor dieses Familienepos, ist in Iowa geboren, er war Lehrer und Schriftsteller, unterrichtete englische Literatur an der Universität von Cicago (1930–1973). Der 1976 erstmals veröffentlichte Roman wurde von Robert Redford verfilmt.

In unserer Familie gab es keine klare Trennungslinie zwischen Religion und Fliegenfischen. Wir lebten am Zusammenfluß großer Forellenwasser im Westen von Montana, und unser Vater war presbyterianischer Geistlicher und ein Fliegenfischer, der seine Fliegen selbst band und andere unterwies. Er erzählte uns, daß die Jünger Christi Fischer waren, und wir mußten annehmen, was mein Bruder und ich auch taten, daß alle erstklassigen Fischer am See Genezareth Fliegenfischer waren, und daß Johannes, der Lieblingsjünger, Kunstfliegenfischer war.

Wahr ist, daß ein Tag der Woche ganz der Religion gewidmet war. Jeden Sonntagmorgen gingen mein Bruder Paul und ich zur Sonntagsschule und dann zum ›Morgengottesdienst‹, um unseren Vater predigen zu hören, und am Abend zur Gruppe Junger Christen und danach zum ›Abendgottesdienst‹, um unseren Vater wieder predigen zu hören. Dazwischen, am Sonntagnachmittag, mußten wir, während er sich zwischen den Gottesdiensten erholte, eine Stunde den Kleinen Westminster Katechismus studieren und dann aufsagen, ehe wir mit unserem Vater in die Berge gehen durften. Aber er stellte uns nie mehr als die erste Frage aus dem Katechismus: »Zu welchem Zweck lebt der Mensch vor allem auf Erden?« Und wir antworteten gemeinsam, so daß der eine weiterreden konnte, falls der andere versagte: »Der Mensch lebt vor allem zu dem Zweck auf Erden, Gott zu verherrlichen und sich seiner Herrlichkeit in Ewigkeit zu erfreuen.« Dies schien ihn immer zufriedenzustellen, wie es eine so schöne Antwort ja auch wirklich mußte, und außerdem drängte es ihn in die Berge, wo er seine Seele erfrischte und für die Abendpredigt wieder zum Überfließen füllte. Um sich von neuem aufzuladen, griff er vor allem zu dem Mittel, uns etwas aus der kommenden Predigt vorzutragen, hier und da angereichert mit einer Auswahl der erfolgreichsten Passagen seiner Morgenpredigt.

Dennoch wurden Paul und ich in einer typischen Woche unserer Kindheit wohl ebenso viele Stunden im Fliegenfischen wie in allen übrigen geistigen und geistlichen Dingen unterwiesen.

Nachdem mein Bruder und ich gute Fischer geworden waren, merkten wir, daß unser Vater kein großer Fliegenwerfer war, aber er traf genau, hatte Stil und trug einen Handschuh an seiner Wurfhand. Während er sich den Handschuh zuknöpfte und sich so vorbereitete, uns eine Lektion zu geben, sagte er immer: »Es ist eine Kunst, die in einem Viertakt-Rhythmus zwischen zehn und zwei Uhr ausgeübt wird.«

Als Schotte und Presbyterianer glaubte mein Vater, daß der Mensch von Natur aus ein großer Schlamassel und aus einem ursprünglichen Zustand der Gnade herausgefallen sei. Irgendwie entwickelte sich bei mir schon früh die Vorstellung, daß dies geschehen war, indem er aus einer Baumkrone gefallen war. Was meinen Vater angeht, so habe ich nie gewußt, ob er glaubte, Gott sei Mathematiker, aber er hat gewiß geglaubt, Gott könne zählen, und daß wir nur dann, wenn wir den Rhythmus Gottes aufnehmen, fähig sein werden, Kraft und Schönheit wiederzugewinnen. Im Gegensatz zu vielen Presbyterianern gebrauchte er oft das Wort ›schön‹.

Nachdem er sich den Handschuh zugeknöpft hatte, hielt er seine Rute waagerecht vor sich ausgestreckt, wo sie mit seinem Herzschlag zitterte. Obwohl sie achteinhalb Fuß lang war, wog sie nur viereinhalb Unzen. Es war eine gespleißte Rute aus Bambusrohr aus der weit entfernten Bucht von Tonking. Sie war mit rotem und blauem Seidenfaden umwickelt, und bei der Wicklung war sorgfältig auf die Zwischenräume geachtet worden, um die zarte Rute stark zu machen, aber nicht so steif, daß sie nicht zittern konnte.

Es mußte immer Rute heißen. Wenn jemand sie einen Stock nannte, blickte mein Vater ihn so an, wie ein Sergeant in der US-Marineinfanterie einen Rekruten ansehen würde, der ein Gewehr gerade eine Knarre genannt hatte. Wenn unser Vater das Sagen gehabt hätte, so wäre es keinem Menschen, der nicht richtig zu fischen wußte, gestattet gewesen, einen Fisch durchs Fangen zu entehren.

»Der Teufel als Fisch dreht dem Fischer, der ihn gefangen hat, den Hals um.«

Lexikon des Aberglaubens

Die »Russischen Volksmärchen«, die der aus dem Woronesch stammende Volkskundler Alexander Nikolajewitsch Afanasjew (1826–1871) in den Jahren 1855 bis 1864 gesammelt hat, sind durchaus vergleichbar den »Kinder- und Hausmärchen« der Gebrüder Grimm. Afanasjew hat aber – anders als die Brüder Grimm – neben klassischen Märchen- und Sagenstoffen auch eine Reihe von Tier-Fabeln in seine Sammlung aufgenommen; die »Mär von dem Hecht mit den großen Zähnen« ist deshalb interessant, weil sie eine Lehre vom ökologischen Gleichgewicht enthält, die wohl übertragbar ist auf soziale oder ökonomische Verhältnisse.

Alexander Nikolajewitsch Afanasjew

Die Mär von dem Hecht mit den großen Zähnen

In der Nacht auf Johanni kam in der Scheksna ein Hecht zur Welt, der hatte so große Zähne, daß Gott uns davor behüten möge! Die Barsche, die Brachsen, die Schrolle, alle versammelten sich, schauten ihn an und staunten. Das Wasser in der Scheksna warf zu dieser Stunde hohe Wellen; ein Floß war mitten auf dem Fluß, das wäre beinahe untergegangen. Junge Mädchen tanzten Reigen am Ufer, die liefen alle auseinander. So große Zähne hatte der neugeborene Hecht! Und er wurde immer größer, aber nicht von Tag zu Tag, sondern von Stunde zu Stunde. Es verging kein Tag, an dem er nicht um einen Werschock länger wurde; und nun begann der Hecht mit den großen Zähnen den Fluß auf und ab zu schwimmen und Barsche und Brachsen zu jagen. Kaum sah er von weitem einen Barsch, schnappte er zu – und schon war von dem Barsch nichts mehr zu sehen. Man hörte nur, wie seine Gräten zwischen den Kiefern des Hechts mit den großen Zähnen krachten.

Das war eine traurige Zeit in der Scheksna! Was sollten die Barsche und Brachsen machen? Sie grämten sich: Alle sollten sie zwischen den Zähnen des Hechts enden! Alle sollten von ihm gefressen werden! Da versammelte sich das kleine Fischvolk und überlegte, wie es den schnellen Hecht mit den großen Zähnen besiegen könnte. Schroll Schrollewitsch erschien auch in dem Rat und ließ alsbald seine Stimme vernehmen: »Laßt doch das Denken und Kopfzerbrechen! Macht nicht euer Gehirn krank; hört zu, was ich sage. Ein elendes Leben führen wir jetzt alle in der Scheksna. Der Hecht mit den großen Zähnen läßt uns keine Ruhe und macht vor keinem Fisch halt! Unseres Bleibens in der Scheksna ist nicht länger. Wir wollen lieber in die kleinen Flüßchen umziehen, in die Sisma, in die Konoma, in die Slawenka; dort wird uns niemand etwas zuleide tun. Wir werden in Saus und Braus leben und viele Kinder haben!«

Darauf zogen alle Schrolle, Barsche und Brachsen aus der Scheksna in die Flüßchen Sisma, Konoma und Slawenka. Unterwegs wurden viele von ihnen von einem listigen Fischer geangelt. Der Fischer kochte aus ihnen eine kräftige Fischsuppe und aß so, wie man hört, zum letzten Mal vor dem Fasten Fleisch. Seit der Zeit gibt es in der Scheksna nur wenig Fische. Wenn der Fischer eine Angel auswirft, hängt selten etwas daran; ab und zu ein Sterlet, und damit hat der Fischfang ein Ende! Das war die Mär von dem schnellen Hecht mit den großen Zähnen. Er hat viel Unruhe in der Scheksna gestiftet, mußte aber schließlich auch selber dafür büßen; als es keine kleinen Fische mehr gab, freute er sich auch über den Wurm, und eines Tages hing er an der Angel. Der Fischer kochte eine Fischsuppe, löffelte sie aus und lobte sie: »Die war schön fett!« Ich war auch dabei und löffelte mit, alles lief den Schnurrbart herunter, aber nichts in den Mund.

Gudmundur Daníelsson, geboren 1910, war viele Jahre Lehrer, zunächst in Reykjavik, dann in Eyrarbakki an der Küste. Über Studienaufenthalte in Nordamerika und in Europa veröffentlichte er Reisebeschreibungen. 1953 bis 1973 war er Redakteur der Zeitung »Sudurland« (Südland). Er verfaßte zahlreiche sehr realistische und populäre Romane und Erzählungen, in denen er vor allem das ländliche Leben schildert. Seine Geschichte vom »Großen Fisch« (1964) ist autobiographisch.

Jetzt, wo dies im Herbstmonat geschrieben wird, ist die Fangzeit seit drei Wochen vorüber, und alles kommt wieder in die gewohnte Ordnung, meine Gesundheit und meine Arbeit, wie es in früheren Herbsten auch geschah. Denn sobald die Fangzeit zu Ende ist, ändern sich mein Gesundheitszustand und meine seelische Verfassung, und ich werde ein anderer Mensch, man könnte sagen, ein gesunder Mensch mit einer starken Neigung zu geistiger Arbeit und zum Stillsitzen wie ein Gelehrter oder Dichter. Und so wird es auch in diesem Winter werden, bis es aufs neue Frühjahr wird, ich werde zum Stubenhocker und Dichter, und mein ganzer Sinn ist an die verworrenen Schicksalsfäden meiner Frauen und Männer gefesselt und daran, wie man eine Geschichte entwickeln muß. Ich weiß das aus Erfahrung, so war es im letzten Winter und im Winter davor und alle Winter, solange ich mich erinnern kann. Aber ebenso sicher ist, daß das nicht länger als bis zum Frühjahr dauert, bis die Fangzeit wieder beginnt, dann ist es um meinen Frieden geschehen.

Das jedoch ist nicht immer so gewesen – erst vier Sommer habe ich damit zu kämpfen, tatsächlich sogar nur drei, denn am 9. Juli des Sommers 1956 bekam die Leidenschaft Gewalt über mich, damals zum erstenmal – nach dem Kampf mit dem großen Fisch.

Dieser Kampf hat wohl eine halbe Stunde gedauert, und er endete damit, daß der Fisch vom Haken loskam und mich oben am Flußufer allein ließ. Aber nicht als gleich gesunden, nicht als denselben Menschen, der ich zuvor gewesen war. Denn dieser Fisch, der mir in der Strömung entschwand, hat seitdem weder aufgehört, in den Tiefen meiner Träume mit seinem silberglänzenden Schwanz von der Größe eines Schaufelblattes zu schweben, noch seine Zaubermelodie auf der bis zum Bersten gespannten Seite der Wurfleine und auf meiner rundgebogenen Angelrute zu spielen. Es ist dieser Fisch und nichts anderes, was mir jedes Frühjahr meine Arbeitsruhe und meinen Seelenfrieden raubt, so daß mein Arbeitszimmer seine Behaglichkeit und meine Arbeit dort ihren Wert verliert und alle meine Gedanken sich mit dem Rauschen des Wassers und dem Hauch der weiten Landschaft mischen. Denn in meinen Nerven und in meinem

Blut lebt die Erinnerung an den großen Fisch wie eine unheilbare Krankheit, wie ein Bazillus, wie ein verborgenes Feuer im Herd, auch wenn ich davon während der kalten Jahreszeit nichts verspüre.

Ich habe seit dem 9. Juli des Jahres 1956 viele Fische geangelt, einigemal sogar prächtige Fische, aber ihretwegen würde ich meine Berufung und meinen Verstand nicht über Bord werfen und die Hochsommer des Lebens nicht damit vertun, ruhelos auf Flußufern herumzustreifen und die Angelrute über die Wasseroberfläche auszuwerfen. Es ist der große Fisch, der das verursacht, er und niemand anders, die Hoffnung, daß er wiederkehren möge, daß das gleiche Feuer aufs neue meine Nerven und meine Seele ergreife, mich noch einmal mit seiner wundersamen Gewalt und mit seinem Tempo ganz ergreife.

Ich habe schon erwähnt, daß der Kampf mit ihm eine halbe Stunde dauerte und damit endete, daß ich den Fisch verlor.

Als ich an die vierzig Jahre alt war, hatte ich eine Angelrute geschenkt bekommen, sie war neun Fuß lang, norwegischer Machart, federleicht und elastisch. Von da an versuchte ich, in Flüssen und Seen zu meiner Unterhaltung Fische zu angeln, war aber die ersten Jahre nie sehr ausdauernd bei diesem Geschäft, sondern legte stets mehr Wert auf andere Beschäftigungen.

Bis zum Abend des 9. Juli 1956.

Ich befand mich gerade an einer Stelle am Fluß, die Schwanenbucht heißt, es war acht Uhr abends, kein Fang. Ich hatte meine Schnur mehrmals ausgeworfen, aber nichts an den Haken bekommen. Jetzt legte ich die Rute auf den Abhang, legte mich selbst neben sie ins Gras und schaute verschiedentlich zum wolkenbezogenen Himmel hinauf oder auf die graue Strömung hinaus, die vor mir brodelte. Eine grüne Seidenschnur führte von der Rutenspitze schräg nach unten in die Strömungsrinne, und ich wußte, daß der Haken mit dem Wurm weit draußen war, mindestens dreißig bis vierzig Faden.

»Sonderbar, daß jetzt bei Hochflut nichts anbeißt«, sagte ich zu meinem kleinen Sohn, der neben mir am Flußufer saß und mit Halmen spielte. Da sah ich, daß die Spitze der Rute plötzlich zuckte, dreimal hintereinander, leicht, doch mit besonderem Nachdruck, mir kam es irgendwie so vor, als werde bei mir an die Tür geklopft, unversehens, zur Nachtzeit, und als sei das Anliegen des Gastes ziemlich dringend. Ich faßte die Rute mit der rechten Hand und sprang auf die Füße, und im gleichen Augenblick zuckt es wiederum zwei- oder dreimal, oder richtiger gesagt, es war, als würde die Stange auf und nieder gerüttelt, eine Bewegung wie bei einem kräftigen Händeschütteln, und dann gleichzeitig ein langer drückender Griff, der mir kein Ende nehmen zu wollen schien.

Ich lasse mehr und mehr Schnur nach und halte sie zugleich mit aller Kraft straff, in der Hoffnung, daß der Fisch bald klein beigeben wird. Aber er gibt nicht nach, sondern flüchtet nun flußabwärts, ich habe keine andere Wahl, als mit ihm zu laufen, und das, so schnell die Füße tragen, denn ich merke, daß weder ich selbst noch die Rute oder die Schnur für den Kampf gemacht sind, der nun begonnen hat.

»Er reißt sich los – er reißt sich los!« jammerte eine unbekannte Stimme tief in meiner Seele. »Dieser Fisch ist größer, als daß Gott ihn dir geben will.«

Nichtsdestoweniger laufe ich weiter, die Rute ist zum Halbkreis gebogen und die Seidenschnur zum Zerreißen gespannt, so daß es in ihr wie in einer Windharfe saust. Es ist ein Hundertmeterlauf geworden, und schnell bin ich bis auf die Landzunge gekommen, wo die Schwanenbucht ins Moor einschneidet, weiter kann ich nicht, und dort muß sich der Fisch losreißen. Plötzlich hält er an. Ich seh den Wirbel, der sich bildet, als er sich wieder stromaufwärts wendet, er ist noch draußen im tiefen Wasser, nicht einen Fuß dem Land näher als zu Anfang. Was macht er jetzt? ... Ja was? Er scheint sich im Ungewissen zu sein, schwimmt einige enge Kreise aufwärts unter der Wasseroberfläche, jedoch so tief, daß ich ihn nicht seh. Plötzlich taucht er, und dabei kommt sein Schwanz nach oben aus dem Wasser, metallisch glänzend, so groß wie ein Schaufelblatt. Er bleibt eine Weile am Grund und rüttelt an meiner Angel. Ich kann mir denken, daß er in der Absicht, sich von der Angel zu befreien, das Maul am Grund des Flusses scheuert. So geht es ein oder zwei Minuten, aber ich passe auf, daß ich die Schnur nie locker lasse, halte die Rute direkt nach oben, so daß ihn jede Bewegung Anstrengung kostet. Wenn nichts kaputtgeht und ich keinen Fehler mache, dann müßte das Ende des Wettkampfes danach ausfallen, wer die längere Ausdauer hat, ich oder er. Die Kampferregung durchfährt uns wie ein Hochspannungsstrom, wir erkennen einander so deutlich, als seien wir miteinander verwachsen. So, nun hat er seine Entscheidung getroffen: Er gibt plötzlich nach – und springt. Er springt nicht hoch, vielleicht anderthalb oder zwei Fuß, aber nun sehe ich doch den großen Fisch in ganzer Größe, den Bruchteil einer Sekunde lang. Zum Halbmond gebogen schießt er einen Augenblick in die Luft, der Fürst der Wasser, silbrig glänzend, mit der blauen Farbe des Stahls, und verschwindet dann mit einem schweren Dröhnen wieder unter die Oberfläche und flüchtet nun stromaufwärts, denselben Weg zurück, mit noch größerer Schnelligkeit, als er sie vorher stromabwärts gezeigt hatte. Sein Rücken taucht ab und zu auf und durchschneidet den Strom, es ist, als fliege eine Granate den Fluß entlang, und ich hinge an ihr fest.

Diesmal muß ich schneller gelaufen sein als jemals sonst, eine Hundertmeterstrecke, ich habe wahrscheinlich einen Weltrekord im Hundertmeterlauf aufgestellt, obgleich man ihn mir nie bestätigen wird. Und als der Lauf zu Ende war, da trennten wir uns. Der Fisch fuhr noch einmal zum Grund hinunter und schüttelte mein Angelgerät, es war, als gäbe man sich die Hand und verabschiede sich mit starkem Handschlag, und plötzlich wurde die Schnur schlaff; sie war lose, und ich spulte sie mit zitternden Händen auf. Nichts war kaputtgegangen, und ich hatte keinen Fehler gemacht, aber der große Fisch war trotzdem weg. Gott wollte ihn mir nicht gewähren, das war es – zumindest nicht dieses Mal, aber er erfüllte mich statt dessen mit einer unheilbaren Sehnsucht: Diesen Fisch oder einen seinesgleichen werde ich irgendwann bekommen, das ist ganz sicher, koste es, was es wolle. Obgleich ich zuerst lernen muß, die Vogelsprache zu beherrschen, das Sausen der Winde zu verstehen, wenn sie im Schilf des Flusses rascheln, und dem Saitenspiel der Gewässer zu lauschen; bis mir das alles in Fleisch und Blut übergegangen ist und ich alle diese Melodien auswendig summen kann, werde ich das ohne zu zögern auf mich nehmen, in der Hoffnung, daß ich jenseits all dieser Nichtigkeit noch einmal auf den großen Fisch treffen werde – und ihn dann bekomme.

Nach dem arabischen Urtext der Calcuttaer Ausgabe aus dem Jahre 1839 übertragen von Enno Littmann

Nicht die »Geschichte von dem Fischer und dem Dämon«, die Ernst Jünger in seinem Tagebuch erwähnt, und auch nicht die »Geschichte von dem Fischer Chalîfa«, der mit seinem Netz Affen aus dem Wasser holt und dadurch zu Reichtum kommt, sondern »Die Geschichte vom törichten Fischer« aus dem arabischen Märchenbuch »Erzählungen aus den Tausendundein Nächten« sei hier vorgestellt; Scheherezade erzählt in der Neunhundertundachtzehnten Nacht, wie der Minister Schimâs seinem König diese »Geschichte vom törichten Fischer« als Mahnung vorträgt, sich nicht von der menschlichen Natur und von den vergänglichen und armseligen Lüsten treiben zu lassen, sondern das rechte Maß zu finden und Gerechtigkeit walten zu lassen in seinem Reich. Vor der leicht maßlos werdenden Gier nach dem ganz großen Fisch, die jeder Angler schon einmal verspürt hat, wird in diesem Gleichnis gewarnt.

Einst zog ein Fischer zum Flusse hinab, um dort nach seiner Gewohnheit zu fischen; und als er am Flusse angelangt war und dann über die Brücke ging, erblickte er einen großen Fisch. Da sagte er sich: »Es ist gar nicht nötig für mich, hier stehen zu bleiben; ich will mich aufmachen und diesem Fische folgen, wohin er schwimmt, bis ich ihn fange; dann wird er mich auf eine Reihe von Tagen des Fischens überheben.« Alsbald legte er seine Kleider ab und sprang hinter dem Fische her; und die Strömung des Flusses trug in dahin, bis er den Fisch einholte und ergreifen konnte. Darauf blickte er um sich, und er entdeckte, daß er weit vom Ufer entfernt war. Obwohl er nun sah, was die Strömung mit ihm getan hatte, ließ er den Fisch doch nicht los, um zurückzukehren, sondern er setzte sein Leben aufs Spiel, indem er das Tier mit beiden Händen festhielt und sich selbst vom fließenden Wasser dahintragen ließ. Das Wasser aber trug ihn immer weiter, bis es ihn in einen Strudel warf, aus dem keiner, der in ihn geriet, sich retten konnte. Da begann er zu schreien und zu rufen: »Rettet einen Ertrinkenden!« Einige von den Stromwächtern eilten herbei und riefen ihm zu: »Was ist mit dir? Was ist dir geschehen, daß du dich in diese große Gefahr gestürzt hast?« Er antwortete ihnen: »Ich selber habe den offenkundigen Pfad verlassen, auf dem das Heil liegt, und habe mich der Habgier und dem Verderben hingegeben.« Darauf sagten die Leute: »Mann, wie konntest du den Weg des Heils verlassen und dich selbst in dies Verderben stürzen? Du weißt doch von jeher, daß keiner, der hier hineingerät, gerettet wird! Was hinderte dich daran, das fortzuwerfen, was du in der Hand hältst, und dich selbst zu retten? Dann wärest du mit deinem Leben davongekommen und nicht in dies Verderben geraten, aus dem es keine

Rettung mehr gibt; jetzt kann dich keiner von uns aus dieser Not befreien.« Da ließ der Mann alle Hoffnung auf sein Leben fahren; er verlor, was er in der Hand hielt, und wozu seine Begier ihn verlockt hatte, und er starb eines elenden Todes.

*Assyrische Darstellung
vom Fischen*

Er war einer der Mitbegründer des »Werkkreises Literatur der Arbeitswelt« und der Dortmunder »Gruppe 61«, ein politisch engagierter linker Schriftsteller: Erasmus Schöfer, geboren 1931. Zu seiner Erzählung »Der Sturm« (1981) haben ihn seine Aufenthalte in Griechenland inspiriert.

Zwischen und unter den Felsen hatten die Fische auch ohne Pflanzen viele Verstecke. Er kam kaum zum Schuß, geriet auch bald außer Atem und fror, weil er bei jedem Versuch, mit der Tauchlampe in die Hohlräume unter den Felsen zu leuchten, in ziemlich tiefes Wasser hinab mußte. Er schoß mehrfach vorbei, zweimal aus nächster Nähe, überraschte dann noch eine der scheuen Meerbrassen von hinten, aber als die ihm beim Lösen vom Dreizack aus den Fingern glitt und, halb betäubt und mit aufgerissener Flanke, in einer Spirale nach unten wischte, sich in einer Felsspalte verbarg, gab auch er auf.

Plötzlich sah er, und das elektrisierte ihn wie ein Stromstoß, unter einem Felsüberhang den Fisch. Schräg nach oben stand der, gehalten von den abgespreizten Seitenflossen, so sah es aus, bewegungslos ihm entgegenblickend in der Tiefe.

Dies war ein Zackenbarsch, ein Rofos, wie er von den griechischen Fischern genannt wurde – der größte Raubfisch, der für Taucher hier erreichbar war und an dessen Fang sich offenbar die Meisterschaft in der freien Tauchjagd erweisen mußte. In allen Erzählungen der Taucher spielte dieser Fisch und seine Klugheit, seine Persönlichkeit, die beherrschende Rolle. Und es ging darum, ihn in ehrlichem Zweikampf, ohne Preßluftausrüstung zu erlegen. Was für einen Jäger der Hirsch war, qualifiziert noch durch die Anzahl der Geweihenden, das war für die Taucher der Rofos und sein in Kilo gemessenes Alter.

Er hatte schon zwei kleinere Exemplare gesehen, sie an ihrer braunen Haut mit den gelben Flecken erkannt, sie auch geschossen, aber das waren Jungfische, Kinder gewesen, kaum vorzeigbar und kaum zu vergleichen mit den mächtigen Fischen, den furchteinflößenden Maulklappen und Rückenspeeren, die manchmal von den Booten der Griechen gebracht wurden.

Nicht zu vergleichen auch mit dem Fisch, der dort, vielleicht zehn Meter tief, ihn herausfordernd zu erwarten schien. Er spannte sofort die Harpune auf volle Schußkraft und tauchte ab. Während er auf den Rofos zuschwamm, staunte er, daß der Fisch nicht die Flucht ergriff, daß er ihn näher und näher kommen ließ, so daß er schon zu glauben begann, er könne ihn tatsächlich erreichen, es schon in seinem Kopf flüsterte: Bleib, Fisch, warte! – Noch einen Augenblick!

Noch einen! – Als er auf drei Meter heran war, kurz vor Schußweite, drehte der Barsch lässig ab, zeigte ihm einen Augenblick lang seine mächtige dunkle Flanke und verschwand noch zwei Meter tiefer im Felsen.

Die Aufregung, die Spannung hatte ihn viel Sauerstoff gekostet, er schaffte es nicht mehr, den Fisch zu verfolgen, mußte nach oben zurück. Er stieg so schnell auf, daß er sich mit dem ganzen Oberkörper aus dem Wasser drückte. Beim Aufstieg hatte er schon Luft rausgelassen, so daß er kaum noch genug hatte, den Schnorchel auszublasen, beim hektischen Einatmen Wasser in den Mund zog und sich daran verschluckte. Er mußte sich das Mundstück rausreißen, hustete, hielt den Kopf mit unkontrollierten Schwimmbewegungen über Wasser. Mehrfach sog er den Atem tief und röchelnd ein, lag dann bewegungslos auf dem Wasser, konnte nicht nach dem Fisch sehen.

Als seine Atmung sich beruhigt hatte, versuchte er, das Loch ausfindig zu machen, in dem der Rofos sich verborgen haben mußte, aber er konnte unter den überhängenden Felsen nichts Eindeutiges erkennen. Der Fisch war noch da unten. Wenn er ihn anschösse und dabei nicht sofort tötete, würde er sich mit den starken Kiemenplatten in seiner Höhle verkeilen. Er gab sich kaum Chance gegen den Fisch und seine Verbündeten, die Tiefe, die Höhle – ohne die stärkere Einzelspitze, ohne einen Helfer mit einer zweiten Harpune und erschöpft von der langen Zeit im Wasser. Aber er konnte sich auch nicht entschließen, weiterzuschwimmen. Er blieb eine Weile spähend auf der Stelle, kämpfte mit seiner Unlust, seiner Angst vor der Anstrengung der Atemnot, die kommen mußte, wenn er den Fisch dort unten wirklich träfe, sich mit ihm anlegte.

Er hatte das Gefühl, daß er sich auf ein Duell einlassen sollte, dem er wahrscheinlich nicht gewachsen war, aber es war auch nicht festzustellen, ob er ihm gewachsen war, wenn er es nicht versuchte. Bis in die nächtlichen Vorstellungen, die Träume hinein hatte er sich schon geärgert, wenn er einen guten Fisch aufgegeben hatte, weil er gemeint hatte, keine Kraft, keinen Atem mehr zu haben. Er entschloß sich zumindest nachzusehen, ob der Fisch noch da sei. Das war unverbindlich und bedeutete noch nicht, den Kampf wirklich aufzunehmen.

Er zögerte die Ausführung des Entschlusses noch etwas hinaus, atmete mehrfach tief durch, tauchte dann senkrecht dicht an der Wand hinab, um nicht sofort von dem Fisch gesehen zu werden, und langsam, mit geringen Flossenschlägen, um sich nicht durch zu viel Bewegung zu verraten. Aber das kostete Sekunden und Sauerstoff. Als er auf acht Meter war, konnte er um die Kante der Wand sehen auf ihren zurückfliehenden Teil, und da erkannte er, aus dem Felsen herausschauend, den spitzen, schwarzen Kopf des Rofos.

Der hatte ihn noch nicht bemerkt, verharrte bewegungslos, bis er auf zwei Meter heran war. Es gab keine Überlegung mehr, er hatte die Harpune schon vor sich in Schußposition und drückte ab. Die Pfeilbewegung war nicht zu erkennen, aber die schnelle, schattenhafte des Fisches im Augenblick des Schusses – dann wußte er, daß er getroffen hatte.

Dieser weiche Aufschlag des Dreizacks. Der ungewohnt starke Zug an der Harpune.

Er schwamm noch tiefer. Der Pfeil war ganz in der schmalen horizontalen Felsspalte verschwunden, die Schnur der Harpune straff gespannt. Sie gab nicht nach. Der Fisch hatte sich sofort verkeilt.

Da überfiel ihn die Erkenntnis, daß er zwölf Meter Wasser über sich und keinen Sauerstoff mehr hatte. Das Wasser war plötzlich eine Masse, eine dicke kompakte Schicht von tödlicher Schwere, die zäh auf ihm lag, durch die er sich durchziehen mußte wie in manchen Alpträumen, in denen unerklärliche, unsichtbare Widerstände jede Bewegung lähmten, jedes Wort, jeden Hilferuf erstickten. Er konnte nicht mehr daran denken, mit der Taschenlampe in die Spalte zu leuchten, noch die Harpune irgendwie zu sichern – er ließ sie einfach los. Wie er mit den Flossen antrat, heftig, um sich schnell hochzudrücken, schoß ihm der Krampf in die linke Wade, ein spitzer, lähmender Schmerz, der im nächsten Augenblick auf die rechte Wade übergriff, als er mit dem Bein stärker treiben wollte. Instinktiv faßte er nach den Waden, preßte sie. Vergeblich. Der Schmerz blieb. Ihm fiel nicht ein, den Bleigürtel abzuwerfen. Mit Schwimmbewegungen der Arme und an den Vorsprüngen der Wand zog er sich langsam hoch, mußte die Beine fast bewegungslos hängen lassen, meinte, daß es ihm die Brust zerrisse, dieser Zwang zu atmen, aber aus einer verzweifelten, besinnungslosen Wut, hier nicht aufzugeben, aus einem gedankenlosen Trieb der Selbsterhaltung schaffte er es noch, dem Zwang zu widerstehen.

Fand sich dann irgendwie an der Wasseroberfläche wieder, keuchend, japsend wie ein Fisch an Land, und sein erster wieder klarer Gedanke war der Wunsch, daß jetzt irgend jemand da wäre.

Es dauerte eine Weile, bis er soviel Sauerstoff im Blut hatte, daß die Krämpfe sich lösten und er ruhiger atmen und denken konnte. Unten waren weder der Fisch noch die Harpune zu entdecken. Der Gedanke, da hinunterzuschwimmen, nachzusehen, schien ihm jetzt absurd, wahnsinnig. Sein Widerwillen gegen einen möglichen Auftrag dazu aus der Steuerzentrale in seinem Hirn war körperlich spürbar, allgegenwärtig. Der Schreck saß ihm wie eine Lähmung in den Gliedern. Der Rofos konnte sich von dem Pfeil nicht befreien und mußte sterben.

Er dachte, daß der Kampf unentschieden sei, wenn beide Gegner besiegt waren.

Es war ihm jetzt egal. Wäre er dem Fisch am Anfang des Tauchganges begegnet, hätte er noch mehrere Male abtauchen und ihn aus seinem Loch holen können. Auch der Verlust der Harpune war kein zu teurer Preis dafür, daß er in einer aussichtslosen Situation seinen ersten Kampf mit einem ausgewachsenen Zackenbarsch begonnen hatte.

»Die Fische sind dem Menschen unentbehrlich.«

Brehms Tierleben

1851 ist einer der schönsten und berühmtesten Romane des 19. Jahrhunderts erschienen: »Moby Dick oder Der weiße Wal« von Herman Melville (1819–1891). Damals gab es noch kaum öffentliche Kritik an der Grausamkeit des Walfischfanges, und niemand dachte an die Gefahr einer Ausrottung der großen Meeressäuger. Melville wollte einen Heldenroman schreiben: Der »große, gottlose, gottähnliche Mann« und Walfischjäger Ahab ist auf der Jagd nach dem größten, dem gewaltigsten und schlauesten aller Fische, dem weißen Wal Moby Dick. Viele große Wale erlegen er und seine Harpuniere, darunter der kluge und besonnene Stubb, und es ist jedesmal ein schreckliches Blutbad, das sie anrichten. Am Ende findet Ahab Moby Dick; er nimmt den Kampf auf, bei dem er und die besten der Walfischfänger auf dem Schiff »Pequod« ihr Leben verlieren werden. Der Icherzähler, er heißt Ishmael, ist davongekommen, er hatte sich aus Langeweile und Neugierde den Walfischfängern angeschlossen und berichtet nun. In der Bibel ist Ishmael übrigens einer derjenigen Menschen, die als unbeugsame Freidenker aus der Gemeinschaft mit Gott ausgeschlossen sind. Im neunundzwanzigsten Kapitel des Romans wird erzählt, wie ein Pottwal erlegt wird.

Ich hatte Wache oben auf dem Vormast. Mit den Schultern lehnte ich mich gegen die schlaffen Oberbramsegel und schaukelte in der scheinbar verzauberten Luft träge hin und her; ohne daß man hätte widerstehen können, verlor man in dieser träumerischen Stimmung alles Bewußtsein. Und schließlich trat meine Seele aus dem Körper heraus. Plötzlich schienen unter meinen geschlossenen Augen Luftblasen aufzusteigen. Sofort faßten meine Hände wie Schraubstöcke an die Taue, und eine geheimnisvolle, anmutige Macht rettete mich. Mit einem Ruck kam ich wieder ins Leben zurück. Und siehe da! Dicht unter unserer Leeseite, keine vierzig Faden weit, lag ein Riesenpottwal, wie der gekenterte Schiffkörper einer Fregatte, auf seinem breiten Rücken, hatte die Farbe eines Nubiers und glänzte in den Sonnenstrahlen wie ein Spiegel. Er schaukelte träge in dem Trog des Meeres, spritzte seine Dampffontäne in aller Ruhe in die Luft und sah wie ein gutsituierter Bürger aus, der an einem warmen Nachmittag seine Pfeife raucht. Aber diese Pfeife, armer Wal, war deine letzte! Wie von dem Stab eines Zauberers berührt, erwachte das schlafende Schiff samt allen schlafenden Matrosen mit einemmal zur tollsten Bewegung, und mehr als zwanzig Stimmen schrien von allen Enden des Schiffes zu gleicher Zeit mit den drei Melderufen von oben den gewohnheitsmäßigen Ruf, als das große Tier langsam und regelmäßig die Salzlake in die Luft spritzte.

»Klar bei Boote! Anluven!« rief Ahab. Seinem eigenen Befehl gehorchend, warf er das Steuer herum, bevor der Steuermann das Rad handhaben konnte.

Bei dem plötzlichen Rufen der Mannschaft mußte wohl der Wal unruhig geworden sein. Bevor die Boote heruntergelassen waren, drehte er sich majestätisch um und schwamm leewärts fort. Er zeigte aber eine solche Ruhe und machte beim Schwimmen eine so geringe Dünung, daß Ahab, um ihn nicht zu stören, Befehl gab, keine Ruder zu gebrauchen und nur im Flüsterton zu reden.

Stubb brannte unmittelbar darauf ein Streichholz an und zündete sich die Pfeife an. Da er dem Wal am nächsten war, nahm er die Ehre in Anspruch, denselben zu fangen. Es zeigte sich, daß der Wal schließlich seine Verfolger bemerkt hatte; alles Schweigen als berechnende Vorsicht war daher nicht mehr nötig. Man zog die Paddel ein, und die Ruder traten mit lautem Geräusch in Aktion. Stubb zog immer noch an seiner Pfeife und feuerte seine Mannschaft zum Angriff an.

Das Verhalten des Wales hatte sich mit einem Male gewaltig geändert. Er war sich nun der über ihm schwebenden Gefahr bewußt. Er hielt den Kopf aus dem wahnsinnig aufwirbelnden Gischt schräg heraus.

»Vorwärts, Leute! Vorwärts! Es muß gehen wie ein Donnerschlag!« rief Stubb und stieß beim Sprechen den Rauch seiner Pfeife aus. »Vorwärts! Lang durchziehen, Tashtego, vorwärts, Tash, Junge, vorwärts! Aber ruhig Blut! Ruhig! Ran wie auf Tod und Teufel, und wenn die Toten aus den Gräbern die Köpfe herausstrecken! Vorwärts!«

»Wu-hu! Wa-hi!« schrie der Mann aus Gay-Head als Antwort darauf und erhob ein altes Kriegsgeschrei. Jeder Bootsmann beugte sich unwillkürlich in dem angespannten Boot unter dem kräftig geführten Ruderschlag des wilden Indianers, der den Takt angab. Wie verzweifelt arbeiteten sie sich ab, bis der willkommene Ruf ertönte: »Aufstehen, Tashtego! Gib's ihm!« Die Harpune wurde geschleudert. »Alle heckwärts!« Die Ruderleute fuhren rückwärts.

Im selben Augenblick sauste jedem etwas Heißes an den Handgelenken vorüber. Es war die geheimnisvolle Walfischleine. Kurz vorher hatte Stubb sie zweimal um den Loggerhead herumgewickelt. Bei der beschleunigten Umdrehung stieg nun blauer Rauch von dem Hanf auf und vermischte sich mit den Rauchwolken der Pfeife.

Das Boot sauste nun durch das kochende Wasser wie ein Hai mit all seinen Flossen. Stubb und Tashtego tauschten miteinander die Plätze, den Vorder- mit dem Hintersteven, was bei der furchtbar schaukelnden Bewegung wahrhaftig keine leichte Sache war. Die zitternde Leine ging in ihrer ganzen Länge durch den oberen Teil des Bootes und war nun so stramm gespannt wie eine Harfensaite. Jeder Mann hielt sich so fest er konnte an seinem Rudersitz fest, um zu verhindern, daß er in den Schaum hinabgestoßen wurde. Der große Tashtego am Steuerruder bückte sich, soweit es eben ging, um seinen Schwerpunkt in die richtige Lage zu bringen. Ganze Atlantische und Stille Ozeane schienen an ihnen vorbeizufliegen, als sie wie ein Pfeil dahinschossen, bis der Wal schließlich seine Flucht etwas verlangsamte.

»Einziehen!« rief Stubb dem Bootsmann zu, und alle Mann faßten den Wal ins Auge und fingen an, das Boot mit aller Kraft auf ihn zuzurudern, während das letztere von der Leine noch weitergezogen wurde. Bald richtete sich Stubb zur Seite auf, drückte mit aller Macht das Knie in die klitschige Klampe und stieß so fest er konnte nach dem flüchtenden Tier. Jedesmal, wenn der Befehl kam, arbeitete sich das Boot aus dem schrecklichen Wirbel des Wales heraus und ging dann beim nächsten Wurf wieder dicht an den Wal heran.

Die rote Flut strömte nun aus allen Seiten des Ungeheuers, wie Bäche zu Tale stürzen. Der gequälte Körper schleppte sich nicht im Salzwasser, sondern im Blute weiter, das eine Achtelmeile weit hinter ihrem Kielwasser zu sehen war. Die schrägen Sonnenstrahlen fielen auf den kaminroten Tümpel in der See und leuchteten auf dem Gesicht jedes einzelnen Fischers, so daß alle glühten wie Rothäute. Und Strahlen weißen Rauches schossen einer nach dem anderen aus der Fontänenöffnung des Wales. Ebenso kam eine Rauchwolke nach der anderen aus dem Munde des wütenden Bootsführers. Nach jedem Stoß zog er die verbogene Lanze mit der daran befestigten Leine wieder heraus, machte sie durch Wetzen am Dollbord gerade und stieß sie immer wieder dem Wal in den Leib.

»Der Fang eines Pottwals«
Stich von William Page, 1835

»Anziehen! Anziehen!« rief er nun dem Bootsmann zu, als der sterbende Wal in seiner Wut nachließ. »Heranrudern, dicht heranrudern!« Und das Boot ruderte längsseits des Wales. Stubb beugte sich weit über den Bug und wühlte mit seiner langen scharfen Lanze in dem Leib des Wales herum, als ob er das ganze Tier nach einer etwa verschlungenen goldenen Uhr absuchte, die er versehentlich zerbrechen könnte. Aber er suchte nach dem Sitz des Lebens. Und jetzt trat das ein, was immer eintritt, wenn der Wal aus seiner wahnsinnigen Wut in den unaussprechlichen Schreckenszustand versetzt wird. Das Ungeheuer wälzte sich auf gräßliche Weise in seinem Blut und bespritzte sich mit dem undurchdringlichen, kochend heißen Sprühregen, so daß das bedrohte, kleine Fahrzeug sofort achteraus trieb und sich mit aller Mühe durch das Dämmerlicht des Wahnsinns in das helle Tageslicht einen Weg erkämpfen mußte.

Und als nun der Wal in seinen Zuckungen nachließ, kamen mit krachendem Laut die scheußlichen Schweißausbrüche des Todes; die Fontäne ließ mit einem Male nach und wurde dann ganz klein. Schließlich kam Guß über Guß von dickem, roten Blut, als ob es der purpurfarbene Bodensatz vom Rotwein wäre. Und dann taumelte er wieder zurück, und sein lebloser Körper sank nieder in die See. Sein Herz hatte ausgekämpft.

»Er ist tot, Mister Stubb«, sagte Daggoo.

»Ja, beide Pfeifen sind aus!« Mit diesen Worten nahm Stubb die Pfeife aus dem Munde, streute die Asche ins Wasser, und einen Augenblick lang stand er in Gedanken da und betrachtete den ungeheuren Leichnam, an dem er schuld war.

*Ernest Hemingway
an Bord der »Pilar«*

Wer kennt sie nicht, die tragische Geschichte »Der alte Mann und das Meer«! Der amerikanische Schriftsteller Ernest Hemingway (1899–1961) war ein von der Jagd und vom Angeln faszinierter Abenteurer, und er hat viel darüber geschrieben. Bei einem Aufenthalt in Kuba im Sommer 1933 entdeckt Ernest Hemingway für sich das Hochseeangeln, die Jagd im Golfstrom auf den Schwertfisch, den Marlin. Sein Bericht darüber für den von seinem Gönner und Freund Arnold Gingrich herausgegebenen »Esquire« erscheint im Herbst 1933. Schon im nächsten Jahr wird sich Hemingway eine eigene Hochseeyacht kaufen, und von da an zieht es ihn jeden Sommer nach Havanna, aufs Meer hinaus zur Jagd auf den Marlin. »Der Marlin« ist eine der 49 Depeschen von Ernest Hemingway, die Ernst Schnabel 1969 erstmals in deutscher Übersetzung herausgebracht hat.

Draußen frischt es auf, und überall verstreut: die Boote der Marlin-Fischer, so weit Sie sehen können. Sie driften und fischen mit vier bis sechs schweren Handleinen in einer Tiefe zwischen vierzig und siebzig Faden. Der Marlin ist ein Tiefseefisch. Wir fischen mit Angelleinen und gehen auf die Fische, die zum Fressen an die Oberfläche kommen, oder schleppen unsere Leinen in fünfzehn oder zwanzig Faden Wasser. Der Marlin sucht den Köder oder die beiden großen Spinner, stößt herauf und stößt meistens mit Kopf und Schulter durch das Wasser, wenn er kommt.

Der Marlin zieht von Ost nach West, gegen die Drift des Golf-
stroms an. Man hat noch keinen in einer anderen Richtung ziehen
sehen, obgleich die Strömung manchmal umschlägt; kurz vor Neu-
mond läßt sie nach, und manchmal kentert sie. Aber der vorherr-
schende Wind ist der Nordostpassat, und wenn er weht, kommen die
Marlin an die Oberfläche und wandern, den Wind im Rücken.
Mitunter schlagen ihre Schwänze aus dem Wasser, ein helles Stahl-
blau, auch Lavendelblau, sichelförmig ausgeschnitten, und schlagen zu und schneiden unter. Die großen Fische sehen unter Wasser
gelb aus, wenn sie zwei bis drei Fuß unter der Oberfläche hinziehen.
Die großen Brustflossen sind eng gestellt, die Rückenflossen ange-
legt. Der ganze Fisch sieht wie ein runder Stamm aus, der schnell
durchs Wasser schießt, bis auf die Kehlung und die scharfe Schwanzflosse.

Je stärker die Strömung ist, desto mehr Marlin gibt es. Sie ziehen
an der Kante der dunkelflechsigen Strömung hin und halten zwischen
einer Viertelmeile und vier Meilen Abstand von der Küste. Sie ziehen
alle in derselben Richtung, wie Autos auf einer Einbahnstraße. Wir
haben schon an Tagen, wenn viele wanderten, mit einem Fisch
gekämpft, während sechs andere in Abständen von einer halben
Stunde ganz nah am Boot vorbeigezogen sind.

Wir haben in dieser Saison, von Mitte April bis zum 18. Juni, mit
unseren Angeln und Trommelleinen zweihundertfünfzig Marlin und
zwei Segelfische gefangen. Der größte Schwarze Marlin wog 468
Pfund und war zwölf Fuß und acht Zoll lang. Der größte Gestreifte
Marlin wog 343 Pfund und maß zehn Fuß und fünf Zoll. Der größte Weiße Marlin wog 87 Pfund und war sieben Fuß und acht Zoll
lang. Der Weiße Marlin kommt als erster, im April oder Mai. Der junge Gestreifte Marlin mit den leuchtenden Bändern, die verwelken,
wenn der Fisch tot ist, kommt danach. Sie sind am zahlreichsten
im Mai und wandern noch im Juni. Der Schwarze Marlin und der
ausgewachsene Gestreifte kommen gleichzeitig. Die große Zeit der
Gestreiften Marlin ist der Juli, und wenn sie selten werden, zieht der
ganz Schwarze Marlin durch. Dann ist es schon September oder später. Kurz bevor der Gestreifte Marlin fällig ist, verschwinden die
kleinen Fische auf einen Schlag, und es sieht aus, als wäre der Golfstrom leergefischt. Nur dann und wann kommt eine Schule kleiner
Thunfische oder Bonitos durch.

Die Farben variieren sehr. Manche Schattierungen kommen von
der Nahrung, andere vom Alter und der Wassertiefe, und wer sich
mit der Benennung neuer Arten selber einen Namen machen wollte,
hätte an der kubanischen Nordküste alle Hände voll zu tun. Ich
halte sie alle für Varianten des gleichen Fischs. Nur das Geschlecht

und Farbspiele machen die Unterschiede aus. Aber das ist eine zu komplizierte Theorie, als daß sie in einem Brief behandelt werden könnte.

Der Marlin geht dem Köder aus vier Gründen nach. Der erste Grund ist Hunger, Wut und Hunger sind der zweite, dann reine Verspieltheit, schließlich Lustlosigkeit. Einen Fisch, der Hunger hat, kann jeder fangen, falls er genug Leine gibt, ihn nicht zu kurz hält und der Haken richtig sitzt. Was danach kommt, ist etwas anderes. Die Hauptsache ist, daß Sie der Leine genug Lose geben, wenn er zu springen anfängt und der Kampf beginnt. Das Boot muß ihn verfolgen, wenn er davonschießt, dem offenen Wasser zu. Ein hungriger Marlin wirft sich mit seinem speerförmigen Schnabel, den Schultern und den Brustflossen zugleich auf den Köder. Der Stert fährt aus dem Wasser. Hat er den Köder, so wirft er sich herum und sucht den zweiten. Wenn Sie ihm den Köder aus dem Maul reißen, kommt er wieder zurück, und er kommt so lange wieder, wie ein Köder auf dem Haken ist.

Die Fische, die in Wut sind, haben uns zuerst verwundert. Sie kamen aus der Tiefe und stürzten sich wie Wasserbomben auf den Köder. Wenn man Lose gab, ließen sie den Köder fahren. Dann warfen sie sich mit einer Schraubendrehung herum und rissen wieder an dem Köder und verfolgten ihn. Sie schnappten zu und nahmen ihn nicht an. Es gibt nur einen Weg, einen solchen Fisch zu fangen: Sie müssen an der Leine reißen, wenn er sich draufstürzt. Gehen Sie mit dem Motor auf volle Kraft, belegen Sie die Leine und reißen Sie daran, sobald er zuschlägt. Er drischt auf den Köder ein, solange er noch glaubt, daß der Bonito lebt.

Der verspielte Marlin – wahrscheinlich einer, der genug gefressen hat – schleicht sich von hinten an den Köder heran, mit hoher Rückenflosse. Sein Schnabel schneidet durch die Wasseroberfläche. Er nimmt den Köder leicht mit dem Speer und mit dem zugespitzten Unterkiefer an. Wenn Sie Lose geben, läßt er den Köder fallen. Ich rede hier von ganz frischen Köderfischen, die am selben Tag gefangen sind. Wenn die Fische älter sind, probiert der Marlin einmal und verweigert sie. Einen verspielten Marlin bekommt man am leichtesten, wenn man den Motor arbeiten läßt, mit voller Kraft, daß der Köder hochkommt und zu springen anfängt. Sie helfen mit der Angelrute nach. Wenn er den Köder annimmt, so geben Sie keine Lose, bis er angebissen hat.

Ein Fisch, der keine Lust hat, kann glatt drei Meilen hinter Ihnen herschwimmen, auch vier. Sein Blick streift den Köder, er schert aus, kommt etwas tiefer wieder, folgt ihm. Der Köder ist ihm gleichgültig, er wundert sich nur etwas. Solange der Fisch die Brustflossen anlegt, beißt er nicht an. Er ist auf seiner Reise, Sie sind auf seinem Kurs; das ist alles. Wenn er den Köder wirklich sieht, hebt er die Rückenflosse, fächert die hellen blauen Brustflossen aus, so daß sie wie die Flügel eines großen Unterwasservogels aussehen. Er verfolgt den Köder.

Der Schwarze Marlin ist ein dummer Fisch. Er ist unglaublich stark, springt herrlich, reißt an der Leine, bis er Ihnen fast das Kreuz bricht – aber er hat weder die Ausdauer des Gestreiften Marlin noch seine Intelligenz. Ich glaube, daß es meistens alte Weibchen sind. Sie sind über ihre gute Zeit hinaus, und die schwarze Farbe kommt vom Alter. Wenn sie jünger sind, sind sie viel blauer, ihr Fleisch ist weißer. Sie müssen sie zwingen, ihnen keine Zeit lassen, nicht nachlassen, nicht stoppen, dann haben Sie sie schneller als jeden gestreiften Marlin von gleicher Größe. In der ersten halben Stunde sind sie gefährlich, da sie ungeheure Kraft haben, gefährlich für die Leine, meine ich; der Mann an Bord ist nicht gefährdet. Aber wenn Sie die Kraft des Fisches annehmen können und gleich kontern, so ist er schneller müde als der Gestreifte Marlin. Der 468pfünder, dem der Haken im Gaumen saß, schien unsere Leine nicht zu merken. Er sprang achtmal in die Luft, schleppte das Boot – im ersten Augenblick über den Achtersteven, bis er herumgeschwungen war –, tauchte viermal, aber kam zurück und blieb liegen, Schwanz und Flossen in der Luft. Das Ganze hatte 65 Minuten gedauert, aber wenn ich nicht am Tag zuvor nach zwei Stunden und zwanzig Minuten einen viel größeren Gestreiften Marlin verloren und mit einem Schwarzen Marlin 45 Minuten zu tun gehabt hätte, hätte ich ihn nicht so scharf hernehmen können. In einer Strömung, die fünf Meilen in der Stunde macht, wo jeder Fisch gegen die Strömung anrennt, wo es vierhundert bis siebenhundert Faden Wasser hat, gibt's viel zu lernen, und es gibt Techniken im Kampf mit einem großen Fisch. Aber eine Sage kann hier berichtigt werden: Es ist stets behauptet worden, daß der Druck von tausend Faden jeden Fisch töte. Ein Marlin stirbt nur dann in großer Tiefe, wenn ihm der Haken im Bauch sitzt. Diese Fische sind gewöhnt, bis zum Grund zu tauchen. Sie jagen dort oft. Sie haben eine andere Form als Fische, die immer auf dem Grund leben, immer in derselben Tiefe, sie können die Tiefe wechseln, vierhundert Faden auf einen Schlag. Die Rute biegt sich, schneidet unter die Wasseroberfläche. Die Leine quält sich, der Fisch sinkt, sinkt, sinkt, sinkt. Sie sehen es. Sie bremsen die Trommel ein, um das Gewicht zu halten, aber der Fisch sinkt und sinkt, und Sie sind sicher, daß er sich die Leine holen wird, bis zum letzten Zoll. Plötzlich steht er still. Sie richten sich auf, kommen wieder auf die Beine, stecken die Rute in die Halterung und holen ihn herauf. Ganz langsam. Am Ende haben Sie doppelt so viel Leine auf der Trommel, und wenn Sie schon denken, daß Sie ihn gleich haben, rauscht die Leine wieder aus, denn er haut ab, schießt los, grad nur mit Meer bedeckt, und kommt zum Vorschein, um zehnmal zu springen. Schöne, glatte Sprünge. Sie kämpfen jetzt mit ihm seit anderthalb Stunden. Dann taucht er wieder; klar, dafür ist er ein Fisch. Der Fisch, der 343 Pfund wog, sprang vierundvierzigmal.

Anton Tschechow
Die Aalraupe

Anton Tschechow (1860–1904) hat die heiter-humoristi-
sche Erzählung »Die Aalraupe« 1885 geschrieben, er hatte sich damals gerade entschlossen, seinen Beruf als Arzt
an den Nagel zu hängen. Die Übersetzer Ada Knipper und
Gerhard Dick wählten den alten Namen »Aalraupe« anstelle der heute für diesen eher häßlichen, aber ungemein
wohlschmeckenden Fisch gebräuchlichen Bezeichnung
Quappe; früher nannte man die Quappe auch Trüsche,
Fudde, Rugget oder Rosolk.
Eine Spezialität ist die Leber der Quappe, von der schon
Conrad Gesner 1670 meinte: »Ihre Leber ist eine schlek-
kerichte Speiß und sehr fett, deßwegen sie von Wärme
der Sonn oder des Feuers wie ein Oel verschmilzet.«
Tschechows Erzählung ist heiter-ironisch, mit einem ganz
zarten melancholischen Unterton. Woody Allens Lob für
den russischen Dichter kann man gleichsam als Nachge-
danken zu dieser Kurzgeschichte nehmen: »Ich versuche,
Komisches und Tragisches zu verbinden. Tschechow konnte das sehr schön, man ist von einer Sache wie am Boden
zerstört, und im nächsten Moment lacht man.«

Ein Sommermorgen. Ringsum Stille; nur am Ufer zirpt ein Gras-
hüpfer, und irgendwo piept zaghaft ein Vogel. Am Himmel stehen unbeweglich Federwolken, die verschüttetem Schnee ähneln … Neben
einem im Bau befindlichen Badehaus rumort unter den grünen Zweigen eines Weidengebüschs der Zimmermann Gerassim im Wasser
herum, ein hochgewachsener hagerer Bauer mit einem roten Schopf
und behaartem Gesicht. Er pustet, keucht und blinzelt heftig mit den
Augen, während er sich bemüht, etwas unter den Wurzeln des Weidengebüschs hervorzuholen. Sein Gesicht ist schweißbedeckt. Drei
Schritt von Gerassim entfernt steht bis zum Hals im Wasser der Zimmermann Ljubim, ein junger buckliger Bauer mit einem dreieckigen
Gesicht und Schlitzäuglein. Wie Gerassim, so ist auch Ljubim nur mit
Hemd und Hose bekleidet. Beide sind blau vor Kälte, weil sie schon
über eine Stunde im Wasser stecken …

»Was stößt du denn immer mit der Hand?« schreit der bucklige
Ljubim, der wie im Fieber zittert. »Du Dummkopf! Halt sie doch fest,
sonst ist das verfluchte Ding weg. Halt fest, sag ich!«

»Sie kann nicht weg … Wohin soll sie denn? Sie hat sich unter die
Wurzeln verkrochen«, antwortete Gerassim mit einer heiseren,
dumpfen Baßstimme, die nicht aus der Kehle, sondern aus der Tiefe
des Bauches kommt. »Das Luder ist glitschig, wo soll man es an-
packen?«

»Pack sie bei den Riemen, bei den Riemen!«

»Die Kiemen sind doch nicht zu sehen … Warte mal, jetzt hab ich
was angefaßt … An der Lippe hab ich sie gefaßt … Das Luder beißt!«

»Zieh sie nicht an der Lippe, zieh bloß nicht – sonst läßt du sie
los! Faß sie bei den Riemen, bei den Riemen! Pack zu!«

»Pack zu«, äffte Gerassim nach. »Solltest lieber selber kommen und sie packen, du buckliger Satan … Was stehst du noch da?«

»Ich hätte sie gepackt, wenn es möglich gewesen wäre … Kann ich denn bei meinem niedrigen Wuchs am Ufer stehen? Dort ist es doch tief!«

»Macht doch nichts, wenn es tief ist .. schwimmst du eben …«

Der Bucklige breitet die Arme aus, schwimmt an Gerassim heran und hält sich an den Zweigen fest. Bei dem ersten Versuch, sich aufrecht zu stellen, versinkt er unter Wasser, und Blasen steigen hoch.

»Ich hab's dir doch gleich gesagt, es ist zu tief«, sagt er und rollt böse die Augen.

»Stell dich doch auf die Baumwurzeln … da sind viele Wurzeln, es ist wie eine Treppe …«

Als der Bucklige fest auf beiden Beinen steht, beugt er sich herunter und wühlt mit der Hand zwischen den Baumwurzeln herum, wobei er sich bemüht, kein Wasser in den Mund zu bekommen. Endlich findet seine tastende Hand Gerassims Arm, und als sie an ihm abwärts gleitet, faßt sie an etwas Glitschiges und Kaltes.

»Daa ist sie …!« Ljubim lächelt. »Grüß dich, altes Luder … Spreiz mal die Finger, ich nehm sie gleich … bei den Riemen … gleich, laß mich nur anfassen … Das Luder hat sich tief unter die Baumwurzeln verkrochen, man kann sie nirgends festhalten. Man kann nicht an den Kopf ran … Schlag die Mücke auf meinem Hals tot – sie sticht mich! Ich pack sie gleich … unter den Riemen … Komm von der Seite, stoß sie, stoß!«

Der Bucklige bläst die Backen auf, hält den Atem an, reißt die Augen weit auf und greift anscheinend auch schon mit den Fingern »unter die Kiemen«, aber da brechen die Äste, an denen er sich mit der linken Hand festhält, er verliert das Gleichgewicht und plumpst ins Wasser. Wie erschreckt, laufen kreisförmige Wellen vom Ufer weg, und an der Stelle des Sturzes bilden sich Blasen. Der Bucklige taucht auf und langt schnaufend nach den Zweigen.

»Wirst noch ersaufen, du Satan, da wird man noch wegen dir zur Verantwortung gezogen werden …« schreit Gerassim heiser. »Hau ab, scher dich zum Kuckuck! Ich hol sie selber raus!«

Es beginnt ein Geschimpfe … Die Sonne aber brennt und brennt. Die Schatten werden kürzer und ziehen sich in sich selbst zurück wie die Füllhörner einer Schnecke … Das hohe Gras, von der Sonne erwärmt, strömt einen satten süßlichen Honiggeruch aus. Es ist bald Mittag, aber Gerassim und Ljubim zappeln noch immer unter dem Weidengebüsch herum.

Man hört das Knallen einer Peitsche … Das abschüssige Ufer entlang schleppt sich träge, von dem Hirten Jefim getrieben, eine Herde zur Tränke. Der Hirt, ein gebrechlicher Alter mit nur einem Auge und einem schiefen Mund, geht mit gesenktem Kopf und schaut auf seine Füße. Als erste kommen die Schafe ans Wasser, nach ihnen die Pferde, nach den Pferden die Kühe.

»Wen habt ihr da, Brüderchen?« ruft Jefim.

»Eine Aalraupe! Wir können sie nicht rausziehen! Hat sich unter die Baumwurzeln verkrochen! Komm von der Seite! Komm ran, komm ran!«

Jefim heftet für einen Augenblick sein zusammengekniffenes Auge auf die Angler, wirft ein Säckchen von den Schultern und zieht das Hemd aus. Ihm fehlt die Geduld, auch noch die Hosen abzulegen; er bekreuzigt sich, balanciert mit seinen mageren, dunklen Armen und steigt mit den Hosen ins Wasser … Etwa fünfzig Schritte geht er über den schlammigen Grund, dann schwimmt er los.

»Wartet mal, Jungs!« schreit er. »Wartet! Zieht sie nicht unüberlegt raus, sie entwischt euch!«

Jefim schließt sich den Zimmerleuten an, und alle drei schubsen einander, keuchend und schimpfend, mit den Ellbogen und Knien und bedrängen sich auf engem Raum. Der bucklige Ljubim verschluckt sich, und die Luft ist erfüllt von seinem schrillen, krampfhaften Husten.

»Wo ist der Hirt?« ruft jemand vom Ufer herüber. »Jefim! Wo steckst du? Die Herde ist in den Garten eingedrungen. Jag sie aus dem Garten raus! Schnell! Wo ist er denn, der alte Raufbold?!«

Man hört Männerstimmen, darauf eine Frauenstimme. Aus dem mit einem Gitter umzäunten herrschaftlichen Garten kommt der gnädige Herr Andrej Andrejewitsch, er hat einen Schlafrock aus persischem Wollstoff an und hält eine Zeitung in der Hand … Er schaut fragend zum Flußufer hinüber, aus dessen Richtung Schreie ertönen, und trippelt dann schnell zum Badehaus …

»Was ist hier los? Wer brüllt hier so?« fragt er streng, als er durch die Äste des Weidengebüsches die drei nassen Köpfe der Angler erblickt.

»Wir fangen Fi … Fischchen …« stammelt Jefim, ohne den Kopf zu heben.

»Ich werde dir gleich ein Fischchen geben! Die Herde ist in den Garten eingedrungen, und er fängt Fischchen …! Wann wird das Badehaus fertig, ihr Teufelsbraten? Zwei Tage arbeitet ihr schon, und wo ist was von eurer Arbeit zu sehen?«

»Wi … Wird fertig …« ächzt Gerassim. »Der Sommer ist lang, wirst noch Zeit haben, Euer Wohlgeboren, dich zu waschen … Brrr

… Wir können hier nicht mit der Aalraupe fertig werden … Hat sich unter die Baumwurzeln versteckt und sitzt wie in einer Höhle: weder raus noch rein.«

»Eine Aalraupe?« fragt der Herr, und seine Augen beginnen zu glänzen. »So zieht sie doch schnell heraus!«

»Dann gib aber fünfzig Kopeken … Wenn wir dir den Gefallen tun sollen … Kräftig ist die Aalraupe, wie eine Kaufmannsfrau … ist ihre fünfzig Kopeken wert … Euer Wohlgeboren … für die Mühe. Drück sie nicht, Ljubim … Stoß von unten! … Zieh mal die Baumwurzeln hoch, mein Guter …«

Es vergehen fünf Minuten, es vergehen zehn … Dem gnädigen Herrn reißt die Geduld.

»Wassili!« ruft er und wendet sich dabei nach dem Gutshof um. »Waska! Ruft mir mal den Wassili her!«

Der Kutscher Wassili kommt angelaufen. Er kaut etwas und atmet schwer.

»Steig ins Wasser«, befiehlt ihm der Herr. »Hilf ihnen, eine Aalraupe herauszuziehen … Sie kriegen die Aalraupe nicht raus!«

Wassili zieht sich schnell aus und steigt ins Wasser.

»Gleich, gleich …« brummt er. »Wo ist die Aalraupe? … Das schaffen wir im Nu! Geh du lieber weg, Jefim! Du alter Mann brauchst dich nicht in fremde Angelegenheiten mischen! Welches ist hier die Aalraupe? Gleich, gleich … Da ist sie. Nehmt die Hände weg!«

Landschaft an der Šilka

»Was heißt das, nehmt die Hände weg? Das wissen wir selbst: Nehmt die Hände weg! Zieh du sie mal raus!«

»Ja, kann man sie denn so rausziehen? Man muß am Kopf anfassen.«

»Aber der Kopf ist unter den Baumwurzel! So steht die Sache, du Trottel!«

»Nun, schnauze mal nicht, sonst setzt's was! So ein Pack!«

»Vor dem gnädigen Herrn und solche Worte ...« ächzt Jefim.

»Ihr werdet sie nicht rausziehen, Brüder! Hat sich da zu geschickt versteckt.«

»Wartet mal! Ich komme gleich ...« sagt der Herr und entkleidet sich hastig. »Vier Dummköpfe seid ihr und könnt eine Aalraupe nicht herausziehen.«

Nachdem Andrej Andrejewitsch sich entkleidet hat, kühlt er sich noch etwas ab und steigt ins Wasser. Aber auch sein Einschreiten führt zu keinem Erfolg.

»Man muß die Baumwurzel abhauen«, entscheidet schließlich Ljubim. »Gerassim, hol die Axt! Reicht mir die Axt!«

»Haut euch nicht die Finger ab!« mahnt der Herr, als er hört, wie unter Wasser mit der Axt auf die Baumwurzel eingehauen wird. »Jefim, mach, daß du wegkommst! Wartet mal, ich ziehe die Aalraupe heraus ... Ihr schafft das nicht ...«

Die Baumwurzel ist von unten angehauen. Sie läßt sich leicht knicken, und Andrej Andrejewitsch fühlt zu seinem großen Vergnügen, wie seine Finger unter die Kiemen der Aalraupe gleiten. An der Oberfläche taucht der große Kopf einer Aalraupe auf, und danach ein schwarzer Körper, einen Arschin lang. Die Aalraupe bewegt heftig ihren Schwanz und versucht sich loszureißen.

»So siehst du also aus ... Pustekuchen, mein Schatz! Bist reingefallen, was?«

Alle Gesichter sind von honigsüßem Lächeln überzogen. Einige Augenblicke vergehen in schweigender Betrachtung.

»Eine ansehnliche Aalraupe.« Jefim stöhnt und kratzt sich am Schlüsselbein. »An die zehn Pfund wird sie wohl haben ...«

»Tja ...« stimmt der Herr zu. »Die Leber ist ganz geschwollen ... drängt nur so aus dem Innern raus. A ... Ach!«

Die Aalraupe bewegt plötzlich und unerwartet heftig den Schwanz, die Angler hören einen gewaltigen Platsch ... alle breiten die Arme aus, aber es ist schon zu spät – die Aalraupe ist spurlos verschwunden.

*Jack London an Bord
des »Roamer«, 1914*

Er hieß eigentlich John Griffith, geboren 1876 in San
Francisco, wuchs in ärmlichen Verhältnissen auf, er war
Fabriksarbeiter, Goldsucher, Landstreicher, Seemann,
kurz: ein Abenteurer, den es mal in die Südsee und dann
wieder nach Alaska verschlug. Über seine Kriegsberichte
(während des russisch-japanischen Krieges) wurde er
zum Schriftsteller, der aus eigener Erfahrung erzählte,
Tiergeschichten, Abenteuerromane und sozialkritische
Prosa schrieb. 1916 nahm er sich das Leben, im Alter
von vierzig Jahren: Jack London. Immer wieder waren
der Lebenskampf, die Sehnsucht nach einer besseren Welt
und ein leidenschaftlicher Überlebenswille Themen seiner Erzählungen; so auch in der in Alaska angesiedelten
Kurzgeschichte »Love of life«, der die folgende Episode
entnommen ist.

Er war völlig erschöpft, er wollte immer wieder stehenbleiben, rasten,
sich hinlegen, schlafen, aber sein Hunger trieb ihn immer weiter voran, und sein Wunsch, endlich das Gebiet der Sträucher zu erreichen.
Er suchte nach Würmern und Fröschen, kratzte mit seinen Fin-
gernägeln die Erde auf, durchwühlte kleine Wasserstellen, obwohl er
wußte, daß es so weit im Norden weder Frösche noch Würmer gab.

Er schaute in jede Pfütze, vergeblich. Als die lange Dämmerung einsetzte, entdeckte er plötzlich in einem solchen Tümpel einen Fisch, so groß wie eine Elritze. Er fuhr mit dem Arm ins Wasser, bis zur Schulter, aber der Fisch glitt ihm aus der Hand. Er versuchte mit beiden Händen den Fisch zu fassen und wühlte dabei den milchigen Schlamm am Grund des Tümpels auf. In seiner Erregung verlor er das Gleichgewicht und trat ins Wasser, bis über die Hüfte war er durchnäßt. Das Wasser war jetzt so trübe, daß man den Fisch nicht mehr sehen konnte, er mußte warten, bis sich der feine Schlick wieder am Boden abgesetzt hatte.

Aufs neue begann die Jagd, bis das Wasser wieder trübe war. Jetzt konnte er nicht noch einmal warten. Er band seinen Trinknapf los und begann, den Tümpel auszuschöpfen. Anfangs schöpfte er wie wild, bespritzte sich selbst und kippte das Wasser so nahe am Tümpelrand aus, daß es zurückrann. Dann arbeitete er umsichtiger, bemühte sich, ganz ruhig zu bleiben, obwohl ihm das Herz bis zum Halse klopfte und seine Hände zitterten. Nach einer halben Stunde war die Wasserstelle fast trocken. Keine halbe Tasse voll Wasser war übrig. Und kein Fisch war da. Er fand zwischen den Steinen verborgen eine kleine Spalte, durch die der Fisch in einen angrenzenden, größeren Tümpel entkommen war – ein Wasserloch, das man nicht in einer Nacht und einem Tag hätte ausleeren können. Hätte er von der Spalte gewußt, er hätte sie gleich am Anfang mit einem Stein schließen können, und der Fisch wäre sein gewesen.

So dachte er, krümmte sich und sank nieder auf die nasse Erde. Erst greinte er vor sich hin, dann schrie er laut in die gleichgültige öde Landschaft, die ihn umgab, und noch lange danach durchschüttelte ihn tränenloses Schluchzen.

Das berühmteste Werk über die Kunst des Angelns ist 1653 zum ersten Mal erschienen, in einer überarbeiteten Ausgabe dann 1668: »Der vollkommene Angler oder eines nachdenklichen Mannes Erholung« von Izaak Walton (1593–1683), dem England den Ruf verdankt, die Wiege des modernen Sportfischens zu sein, denn er war der erste, der für jeden Fisch eigene Angeltechniken beschrieb, der aus eigener Erfahrung über das Verhalten der Fische sprach, und der als Schriftsteller auch Sinn für den Zusammenhang zwischen der Kunst des Angelns und der Dichtkunst hatte: Zahlreiche Sinn- und Naturgedichte sind in den Text eingestreut. Der »vollkommene Angler«, das ist nach Walton ein kluger und froher, ein naturverbundener, gottesfürchtiger, tüchtiger und weltoffener Mann, frei von Mißgunst und Vorurteilen.

Viel ist von Naturschriftstellern über das Naturrätsel der Lachszüge geschrieben worden, Vermutungen über die Gründe der Einhaltung ihrer Wanderwege sind aufgestellt, aber am unbegreiflichsten ist es wohl geblieben, wie bei der ungeheuren Kraftbeanspruchung während der langen Zugzeit die Nahrungsreserven im Körper reichen können. Man muß die Sprünge von Lachsen an dem Tivy-Fall gesehen haben, um wie der Dichter Michael Draiton, der übrigens auch ein Angler war, nur noch zu ehrfürchtigem Staunen, das sich ihm zu Versen formte, imstande zu sein und die Frage nach der Möglichkeit ganz zu vergessen:

»Überkommt, wie alljährig, den Lachs das heiße Verlangen,
Fern von der See an den Quellen Hochzeit zu halten,
Dann, mit geballter Kraft, durcheilt er die strömenden Fluten,
Trotzt ihnen selbst, wie am tosenden Fall des Tivy,
Wo als ragende Wand widerstehn der Eile des Zuges
Von der Höhe stürzende Wasser, Felsenschranken durchbrechend,
Die ihren brausenden Lauf wohl gänzlich möchten versperren.
Dort nun müßte der Lachs seine stürmische Fahrt doch beenden,
Hätte nicht Mutter Natur ihn mit gewaltiger Sprungkraft begnadet –
Schier zum Kreise gespannt, wie eine Rute man biegt mit den Händen
Und läßt schnellen sie dann in erstaunlich weite Entfernung,
Schwingt jetzt der Lachs sich hinaus aus dem Wasser zur Höhe.
Gelingt es nicht gleich, folgt drauf in unbändigem Willen
Dann der zweite Versuch und, wenn es sein muß, ein weitrer,
Bis die unbeugsame Kraft seines ehern federnden Körpers,
Seinem Willen gemäß, ihm befreiend öffnet die Pforte.«

Im Gegensatz zu den Forellen hat der Lachs bei seinem Zuge begreiflicherweise nie einen festen Standplatz. Natürliche Hindernisse, wie Wasserfälle usw., pflegen ihn in den davor befindlichen Gumpen aufzuhalten, so daß man ihn dort noch am ehesten antreffen kann. Im übrigen zieht er meist die tieferen Strömungsstellen, also hauptsächlich in Strommitte, entlang, und zwar nahe dem Grund. Uferböschungen oder sonstige Deckungen an den Flußkanten, wie z.B. Baumwurzeln, in denen sich die Forelle gern unterstellt, sucht er nicht auf.

Soweit er überhaupt Nahrung aufnimmt, sind Elritzen, Würmer und größere Kunstfliegen die besten Köder. Von Würmern wird der mittlere Tauwurm – in Moos gut gereinigt und schmackhaft gemacht – noch am ehesten genommen. Es kommt nicht auf die Massigkeit, sondern mehr auf den Geschmacksreiz an, nach Aussehen oder Witterung, da man mit dem Fehlen des Nahrungsbedarfs zu rechnen hat. Lebhaftigkeit und verlockende Reize der Köder sind daher besonders wichtig.

Das Gerät muß natürlich besonders widerstandsfähig sein. Die Rute soll wenigstens einen festen Endring haben, daß man genügend kräftige Leine in Reserve halten kann. Schnurhaspeln, wie manche Lachsfischer sie führen, sind meist unvollkommener, als sie aussehen. Wichtiger als komfortables Aussehn ist immer die Sicherheit, den unbändigen Befreiungsversuchen dieser starken Schwimmer schnell und ohne Komplikationen durch geschmeidige Schnurveränderungen begegnen zu können.

Es gibt eine große Zahl meist geheim gehaltner Witterungen, um die schwache Beißlust der Lachse anzuregen. Wenn ich auch nicht viel von solchen Mitteln halte, so kann ich doch nicht von der Hand weisen, daß einzelne Lachsfischer auffällige Erfolge aufweisen können. So war ein guter Bekannter von mir, Mr. Oliver Henley, den schon der grüne Rasen deckt, eigentlich immer erfolgreicher als alle, die einmal mit ihm zusammen fischten. Ich selbst schließe mich dabei auch nicht aus. Ich beobachtete gelegentlich, daß er in Abständen einzelne Würmer aus einem größeren Behälter nahm und sie bis zum Fischen noch geraume Zeit in einem kleineren Kästchen verwahrte. Auf eine Frage von mir, warum er das mache, antwortete er ausweichend und erklärte, das sei eine Gewohnheit, um im Bedarfsfall immer ausgesucht frische Köder sofort zur Hand zu haben. Gelegentlich erfuhr ich aber doch von einem gemeinsamen Freund, daß Henley in diesem Kästchen einen Extrakt von ausgepreßten Efeubeeren habe, und daß er vor dem Anködern die Würmer etwa eine Stunde lang diese Witterung annehmen lasse, die für die Fische eine fast unwiderstehliche Lockung bedeute. Mir sind noch eine Reihe

Kupferstich aus der 1759 erschienenen Ausgabe
von Izaak Waltons Buch »The compleat angler«

anderer Rezepte, teils wenig appetitlicher Art, bekannt, von denen ich aber keine auffälligen Erfolge beobachten konnte.

Viel könnte man noch sagen über die Unterschiede der Lachsarten und ihre Lebensgewohnheiten, auch über die Samlets – örtlich auch Skegger genannt –, aber Berufenere haben sich über die Ursachen den Kopf zerbrochen, Behauptungen aufgestellt, die wir doch nicht nachprüfen können. Lassen wir es also bei den für uns sichtbaren Tatsachen bewenden und freuen wir uns des herrlichen Aussehens dieser königlichen Fische, die auch im Alter, ebenso wie unsere Forellen, in unveränderter Schönheit sich präsentieren, ganz anders als wir Menschen, die wir die Zeichen des Alterns trotz aller Kunst – man denke nur an das Schminken und die Schönheitspflästerchen der Damen – nicht aufhalten können.

»wer immer angelt,
dem nimmer mangelt«
Friedrich Logau

Siegfried Lenz

Frank Wittmann hat in Schleswig-Holstein eine erfolgreiche Fischzucht aufgebaut. Als bei ihm an den Zuchtteichen die ersten Kormorane auftauchen, ist seine Existenz bedroht. Die unvorstellbar gefräßigen Fischräuber stehen nämlich unter Naturschutz. Aber Frank will sich zur Wehr setzen. Siegfried Lenz, der realistische Erzähler dieser spannenden Geschichte, wurde 1926 in Lyck in Ostpreußen geboren, er lebt in Hamburg. Er hat für diesen Roman »Die Auflehnung« (1994) lange und sehr sorgfältig recherchiert. Die Beschreibung der in der Forellenzucht notwendigen, gleichsam künstlichen Befruchtung ist eine ebenso authentische wie poetisch-erotische Miniatur.

Rühren, rühren, Corinna, beim Abstreichen mußt du immer rühren, sagte Ute und ging voraus in den gefliesten Anbau, in dem alles bereit war. Die laichreifen Forellen, Rogener und Milcher, schwammen fächelnd im gemauerten Bassin, die große, zerbeulte Aluminiumschüssel stand schon auf dem Arbeitstisch, und in einem Pappkasten lagen ein paar Gänsefedern, Schwungfedern. Ute winkte ihre Freundin zu sich heran, kescherte einen Fisch heraus, schnappte ihn bei den Kiemen und hielt ihn, während er sich krümmte und mit der Schwanzflosse gegen das Handgelenk des Mädchens schlug, über die Schüssel und begann sanft zu streicheln und zu drücken. Sie streichelte und drückte vom Schwanz zum Kopfende hin, einfühlsam, geduldig, bis auf einmal – und jetzt blickte sie Corinna fast triumphierend an – rotgoldener Rogen zwischen den Afterflossen hervorperlte, glänzende Fischeier, die einzeln, manchmal auch geklumpt, in die Schüssel tropften. Immer ruhiger wurde der Fisch in ihren Händen, nur sein Maul sprang auf, die Kiemendeckel klappten ab, und die Schwanzflosse zitterte. Behutsam ließ sie die Forelle in eine mit Wasser gefüllte Wanne gleiten und fischte gleich die nächste aus dem Bassin; wieder war es ein Rogener, wie auch die folgenden drei oder vier Fische Weibchen waren; aber dann – der Grund der Schüssel war bereits mit Fischeiern bedeckt – erwischte sie einen Milcher und gab Corinna ein Zeichen, die Feder in die Hand zu nehmen. Ute drückte nun weniger sanft, gleich einem Zylinder umspannte ihre Hand den Fischkörper, glitt pressend über ihn hin, bis es scharf und weißlich hervorspritze, in einem dünnen Strahl, den sie auf den Rogen lenkte. Jetzt rühren, sagte sie, immer gleichmäßig rühren, und Corinna strich mit der Gänsefeder über die schwimmende Masse, zaghaft zuerst, danach aber, nach Utes Aufforderung, entschlossener, kräftiger, sie mengte, mischte, vereinigte, immer blasser wurde der Rogen, er büßte seine rotgoldene Farbe ein und glich zuletzt einem matten Brei.

Corinna schnupperte an der Feder, sie sagte: Es ist ganz geruchlos, und als Ute abermals einen Fisch aus dem Bassin holte, legte sie die Feder beiseite und fragte: Darf ich auch mal? Bitte, Ute, ich möchte es auch mal versuchen. Eine Gänsehaut überlief sie, mit banger Miene nahm sie den Fisch, der sich in ihren Händen wand und krümmte, hielt ihn über die Schüssel und begann mit dem Abstreichen. Sie blies eine Haarsträhne aus ihrem Gesicht und preßte die Lippen aufeinander und atmete angestrengt, während sie den Bauch des Fisches massierte, der ihr, je länger sie es tat, nicht mehr so kalt und glatt vorkam wie im Augenblick der ersten Berührung. Du streichelst ihn nur, sagte Ute, du mußt kräftiger drücken, und Corinna gehorchte und schloß die Finger um den silbrigen Leib und spürte auf einmal ein Kribbeln in ihren Wangen und ein Zittern unter der Haut. Sie konnte den Fisch kaum noch ansehen, der in ihren Händen zu vibrieren schien; sie schluckte und lächelte gequält, und als die Milch endlich herausspritzte, stieß sie einen kleinen erschrockenen Schrei aus. Unwillkürlich hob sie den Fisch so hoch, daß die Milch über den Schüsselrand hinausspritzte und in feiner Tropfenspur auf den Arbeitstisch regnete.

Probier mal, sagte Ute, das Zeug schmeckt nach nichts, doch Corinna brachte es nicht über sich, einen Tropfen aufzutupfen und eine Geschmacksprobe zu machen; selbst als Ute es ihr vormachte, konnte sie sich nicht dazu entschließen. Corinna setzte den abgestrichenen Fisch in die Wanne, er schnellte nicht davon, ließ sich nicht auf den Grund sinken, sondern legte sich wie erschöpft auf die

Seite, kippte ein wenig und schwamm bauchoben und hielt sich so bei schwachen Bewegungen der Brustflossen. Er stirbt, sagte sie ängstlich, und Ute darauf, nach einem flüchtigen Blick: Mach dir keine Sorgen, der kommt wieder zu sich, der ist nur benommen; bei manchen gehört es dazu. Während sie zum Bassin ging, um den nächsten Fisch herauszukeschern, sagte sie: Du bist jetzt Fischmutter, für ein paar Tausend bist du es, und dabei wandte sie den Kopf und zwinkerte Corinna zu.

Der medikamentensüchtige Arzneimittel-Vertreter Eck
sucht seinen Vater, der bei einem Unwetter auf dem Neusiedlersee an der Grenze zwischen Österreich und Ungarn
ums Leben gekommen ist. Gerhard Roth, der 1942 in Graz
geborene Schriftsteller, hat für diesen unheimlichen Roman
»Der See« (1995) längere Zeit am Neusiedlersee gelebt und
dort den gewerblichen Fischfang genau beobachtet – wie
man dem folgenden Kapitel »Das Fangnetz« entnehmen
kann.

Eck spürte, daß sich Bläschen auf der Unterseite der Zunge gebildet
hatten und sein Hals entzündet war, wahrscheinlich vom Rauchen
und dem Alkohol. Er fand eine Schmerztablette, die er mit einem
Schluck Seewasser hinunterspülte. (Es schmeckte nach Speichel.)
Mückenschwärme tanzten im Morgenlicht über dem Schilf, zogen
sich zusammen, dehnten sich aus, hoben und senkten sich.

Kurz darauf erschien Kurt mit einer Zille. Er legte an, holte vom
VW-Lader, mit dem sie gekommen waren, einen Außenbordmotor
und hängte ihn ein. Die ganze Zeit über schaute er Eck nicht an.

Die Zille schwankte, als Eck sie bestieg. Lärmend fuhren sie aus der Schilfbucht in eine graue Region aus Wasser und Luft, die sich weit in der Ferne am Horizont trafen. Zwei Möwen flogen über ihre Köpfe. Die Zille schnitt die Wellen hart, und Eck hatte das Gefühl, für einen kurzen Augenblick in die Luft geworfen zu werden. Die Kälte in seinem Rücken war so stark, daß er nach seiner Jacke tastete. In der Ferne sahen sie das Fischerboot und die Kabine mit dem Steuerruder. Kurt fuhr auf das Fischerboot zu, auf dem die Männer gerade das Netz einholten. Ein roter Ball markierte die Mitte des Netzes. Er schwamm weit draußen auf dem Wasser. Das Ufer war inzwischen zu einem Schattenriß in der Ferne geworden. Sie stiegen in das Fischerboot um. Das Fischerboot und die Zille schaukelten auf dem Wasser, und Eck fühlte wieder Übelkeit. Er ließ sich auf die hölzerne Kühlkiste nieder, in der der Wein gelagert wurde. Eine der Scheiben der Kabine wies ein Schußloch auf. Als Istvan, der ein finsteres Gesicht machte, Ecks Blick bemerkte, sagte er, das Fischerboot liege im Schilf versteckt, wenn es nicht gebraucht werde. Bei der letzten Entenjagd habe man die Glasscheibe beschädigt, niemand habe sich jedoch gemeldet. Der Fang fiel zappelnd und zuckend auf den Boden des Fischerbootes, verwickelt im Netz mit den braunen Schwimmern. Es war mehr als ein Dutzend Zander und Hechte. Istvan war zufrieden. Er lachte zum ersten Mal und zeigte dabei einen Goldzahn: »Du bringst uns Glück!« rief er Eck zu.

Eck mußte sich von der Kiste erheben, damit Istvan den Wein herausnehmen konnte. Das Wasser war nun hellgrün und der Himmel grau. Er spürte das Schaukeln des Fischerbootes, aber er begann sich daran zu gewöhnen. Istvan entkorkte eine Flasche. Der Alkohol lief warm und ein Glücksgefühl auslösend durch seine Adern. Nachdem sie die zweite Flasche leergetrunken hatten, stieg Eck mit Kurt in die schwankende Zille zurück.

»lerne mich nur keine karpfen kennen, dann mein vatter war ein fischer«
Grimmelshausen

Johan Turi (1854–1936) war ein einfacher Mann mit ge-
ringer Schulbildung. Aus Stolz über sein Volk, die Lappen
oder – wie sie lieber genannt werden – die Samen, schrieb
er das Buch »Erzählung vom Leben der Lappen«. Die
dänische Malerin Emilie Demant, die ein Jahr lang bei den
Samen lebte, half ihm bei der Abfassung; 1910 erschien das
Buch in einer samisch-dänischen Ausgabe. Diese volks-
kundliche Schrift ist von außerordentlichem poetischen
Reiz. Nur ein kleines Kapitel allerdings handelt »Vom
Fischfang«.

Lappen, die im Sommer nach Norwegen ziehen, haben keine Zeit,
Fische zu fangen, außer im Frühling, wenn die ersten Öffnungen auf
den Seen entstehen; dann angeln sie mit einem Angelhaken, den sie
selbst aus Zinn gegossen haben. Und daran steckt man den Köder,
einen Fetzen rotes oder gelbes Tuch, bis man den Fisch bekommt;
dann nimmt man ein kleines Stück von der Magenhaut des Fisches,
und das ist viel besser. Und im Herbst fängt man auch mit Schlingen
in den kleinen Flüssen; und im Herbst sind viele kleine Fische in den
Flüssen. Und mit Netzen und Waten fischen sie, aber nicht oft. Aber
sie haben auch Hechte geschossen, im Frühling in den Sümpfen im
Riedgras. Der Hecht laicht im Frühling und der Stalling und der
Barsch, und der Lachs laicht im Herbst und die Lachsforelle und der
Graulachs. – Wenn es im Frühling Gewitter gibt, ehe das Eis auf den
Seen aufgetaut ist, dann wird es ein fischloser Sommer, jedenfalls in
einigen von den Seen. Der Fisch fürchtet sich und geht den ganzen
Sommer tief, den Sommer, wo der Donner über einen eisbedeckten
See hinweggerollt ist.

Aber Fang ist nicht nur so, daß man kann, man muß auch Glück haben. Und frühere Menschen haben viele Opferkünste um des Fanges wegen gebraucht. Sie haben die Seiten hauptsächlich um des Fangglückes willen angebetet, und auch um des Rentierglücks willen. Und für die Krankheiten der Menschen haben die meisten den Kirchen geopfert. Wohl ist da noch der eine oder der andere, der noch heute der Kirche um der Menschen willen opfert. Und um des Fangglückes willen opfert man wieder irgendeinem armen Menschen und einem solchen, der nicht zu heidnisch oder boshaft ist. Und solchen, die verkrüppelt sind, opfert man auch, sehr Lahmen, die sich nur schlecht durchschlagen können, und ebenfalls solchen armen alten Menschen, die ein schlechtes Auskommen haben. Die haben Glück, die diesen etwas geloben. Und der eine oder der andere Laienprediger hat auch Glück; doch ist man gezwungen zu versuchen, bei welchem Glück ist; aber sie haben allerdings zuweilen ganz besonders großes Glück.

Wie kein anderer Schriftsteller des zwanzigsten Jahrhunderts hat Ernst Jünger (geboren 1895 in Heidelberg) in seinem langen Leben die Natur beobachtet: als Forscher, der nach exakter Erkenntnis strebt, und als Liebhaber, der in einer Art Offenbarung die belebte Welt zu verstehen sucht. Pflanzen und Tiere betrachtet er als »schön, geheimnisvoll und mannigfaltig in einer Weise, die nie ergründet werden kann«. Seine »Reisetagebücher« vor allem enthalten viele solcher stilistisch brillanten Naturbeschreibungen. Aus dem norwegischen Eidsbygda, wo Ernst Jünger einige Wochen des Sommers 1935 verbracht hat, berichtete er über seine »Fischbelustigungen«.

Eidsbygda, 29. Juli 1935

Es wird nun Zeit, daß ich Dir einiges über unsere Fischbelustigungen mitteile, als deren Ausgangspunkt das Bootshaus dient. Zum Stützpunkt haben wir ein Inselchen erwählt, den Eidsholm, dem wir schwimmend oder im Boot zustreben. Wie fast alle diese Eilande gleicht er einem dunklen Strauß von Moosen, Sträuchern und Gehölz, der sich auf einem Sockel aus geschliffenem Granit erhebt. Er ist nur von einigen Reihern bewohnt, die ihren Horst in die niedrigen Kiefern gebaut haben. Wenn wir landen, müssen wir uns vorsichtig nähern, denn sie empfangen den Fremdling zwar nicht wie die stymphalischen Vögel mit Pfeilen, wohl aber bekalken sie ihn mit einem wohlgezielten, beizenden Guß. Oft sehe ich sie im seichten Wasser fischen, wobei sie lange und bedächtig den Grund beobachten, ehe sie ihren behenden Stoß ausführen. In ihrem aschgrau und schwarz gezeichneten Gefieder und der heraldischen Haltung bieten sie ein Bild vornehmer Melancholie. Der Schrei ist heiser und klagend, er wird zuweilen von der sanfteren, schmelzenden Klage des Brachvogels sekundiert. Auch die runden Granitklippen, die den Holm umringen, sind von Möven, Alken und anderen Seevögeln belebt.

Ein solches Getümmel läßt immer auf Fische schließen, daher werfen wir auch hier mit Vorliebe vom langsam treibenden Boot die Angel aus. Zuweilen ziehen wir auch, um zu juxen, die Ruder ein – juxen nennt der norwegische Fischer das taktmäßige Heben und Senken der Schnur, das den Köder bewegen oder den Blinker glitzern lassen soll. Diese Beschäftigung begleitet ein stetiges und weitverzweigtes Gespräch. Der Magister lebt in einem beständigen geistigen Training, in einer ununterbrochenen Meditation, an der ich mich gern beteilige. Die Eigenart und die Vorzüge seines Denkens sind Dir bekannt; sie liegen vor allem in der intuitiven, fast hellsichtigen und oft blitzartigen Feststellung. Seine Unterhaltung erinnert mich an Ossianische Panoramen; nachdem man lange durch wallende Nebel geschritten ist, erblickt man plötzlich den Eingang zu Höhlen, Basalte und ferne Inseln im Meer. Dann fielen mir schon früh gewisse Ähnlichkeiten mit Hamann auf – ich meine den verborgenen Charakter des metaphysischen Menschen, der doch an entscheidenden Punkten durchleuchtet.

Es ist nun sehr ergötzlich, wenn ein Fisch im Lauf der Unterhaltung an die Angel geht und so ein Wort instrumentiert, indem er es gewissermaßen an die große Glocke hängt. Das Echo aus der Tiefe verleiht dem Hin und Wider der Gedanken Züge einer magischen Beschäftigung.

Vor allem aber setzen wir des Morgens in der Nähe des Eidsholms ein langes Stellnetz aus. Dieses Gerät, Trollgarn genannt, ist ein Beispiel menschlicher Erfindung und List. Aus engen und weiten Maschen zu einer einzigen Bahn zusammengeflochten, entwickelt es an jedem Punkte bestrickende Kraft. Wo ein Fisch mit ihm in Berührung kommt, dehnt er durch seine eigene Bewegung die engen Maschen zu einem Fangbeutel aus, den die weiten dann zuschnüren. Je lebhafter der Gefangene sich zu befreien strebt, desto tiefer verwickelt er sich auf labyrinthische Art. Entsprechend unterscheiden wir die Netzverfitzung ersten, zweiten und dritten Grades, welch letztere sich der Magister, als Liebhaber aller spekulativen und fast hoffnungslosen Künste, zu lösen vorbehalten hat.

Was nun die Beute angeht, so stellt die Sippe der Dorsche ihren Hauptteil. Allerdings bereitet mir die Deutung der ortsüblichen Bezeichnungen manche Schwierigkeit. Der Lyr ist schmal, hechtähnlich, oben olivgrün, mit vielen schwarzen Pünktchen gesprenkelt, und unten silberhell. Die Hüsse dürfte wohl ein junger Schellfisch sein, jedenfalls trägt sie die gleichen schwarzen Flecken hinter den Kiemen, als ob ein Schornsteinfeger sie mit dem Daumen gepackt hätte. Weitaus am häufigsten geht jedoch der Smatorsk ins Garn – das ist der junge Dorsch, während der alte Kabeljau heißt. Der Smatorsk ist ein stattlicher Fisch, unten weiß mit grünlichen Silbertönen, mit seegrünem Rücken, an den Seiten schön goldockerbraun gefleckt. Die Sprenkel neigen wie die Edelkoralle zur Verzweigung und Verästelung; besonders leuchtet ihre Farbe auf den Kiemenplatten, die, gleich dem Deckel einer kostbaren Dose, auf altgoldenem Grunde winzig schwarz gemustert sind. Auch schimmern oft noch Teile der Flossen, als wäre ein Pinsel mit Goldstaub daran ausgewischt. In diesen Wochen, und dann bis in den Herbst hinein, nimmt der Fisch, der von der Laichzeit her noch abgetrieben und unansehnlich war, eine immer bessere und feurigere Färbung an, auch gewinnt die Leber täglich an Gewicht. So ist er erfreulich zu betrachten, wenn man ihn glänzend aus dem grünen Wasser hebt. Der große glotzende Kopf und der starke Leib geben ihm einen schwerfälligen Zug – und doch ist er ein prächtiger Bursch. Ich finde an ihm etwas von der Eleganz eines Herrn, der in den besten Jahren steht – etwa Tschitschikoff, als er in seinem preiselbeerfarbenen Fracke prunkte, stelle ich mir so vor. Daß die Norweger »Torsk« statt »Schafskopf« schimpfen, beruht doch wohl ebenso wie das in unseren östlichen Gauen übliche »Pomuchelskopf« auf oberflächlicher Beobachtung. Eher sind schalkhaft-würdevolle Züge in diesem Gesicht, die durch die drollige Bartel unter dem Kinn noch verstärkt werden. Auch Geisteskraft ist seinem Träger zugeteilt, wenngleich nicht nach dem Maßstab menschlicher Intelligenz, die ja für Tiere eine höchst schädliche Mitgift ist. Wohl aber sind die listigen und zauberstarken Züge der Nixe und Wassermänner nach seinem Urbilde geformt. Eine Ahnung davon gewinnst Du vor der Büste im Berliner Aquarium, darin der Wassergeist durch mehr als reine Phantasie beschworen ist – wie ich denn überhaupt glaube, daß unsere Einbildung ebenso wenig dämonische Züge zu erfinden, wie sie neue Tiere zu erschaffen vermag. Zum mindesten besitzen wir ein genaues Urteil über das, was zwingend ist, selbst wenn es unser Auge niemals sah. Auch die Chimären haben ihr Gesetz.

Eine gute Beute bildet ferner die Bergflunder, die wohl als ungefleckte, schiefergraue bis rein schwarze Abart unserer Scholle aufzufassen ist. Die dunkle Oberfläche ist grießkörnig, die Blindseite glatt und leuchtend wie weißer Marmorstein, doch sind wie aus Versehen zuweilen schwarze Makeln und Äste darein eingesprengt. Man fängt sie zur Genüge, wenn man das Garn tief genug stellt.

Am höchsten steigt unsere Laune, wenn uns der Örret oder die Lachsforelle ins Garn gegangen ist. Dieser schmale, leuchtend silberne und mit schwarzen Zierflecken gesprenkelte Fisch stellt, wenn Du den bibliophilen Vergleich verzeihen willst, die Vorzugsausgabe des Lachses dar, sowohl was den Einband als was den Inhalt betrifft. Da er in das süße Wasser hinaufzusteigen liebt, machen wir vor den Mündungen der Bäche auf ihn Jagd.

Wie ich sehe, ist das Maß eines Briefes bereits überschritten, so daß ich Dich noch einmal von Fischen unterhalten muß. Du darfst das nicht rein der persönlichen Neigung zuschreiben, denn auch davon abgesehen, spielt der Fisch hier eine gewaltige Rolle und macht einen großen Teil des nationalen Reichtums aus. Daher hörst Du auch in den Gesprächen viel von ihm, und er dringt sogar in die Träume ein. So träumte ich neulich, ich finge Lachse, die in unzählbarer Menge unter meinem Boot dahinglitten. Sowie ich die Angel versenkte, zog ich eine Beute empor. Ich ließ den Köder fort und fing mit dem bloßen Haken ebenso schnell. Dann hob ich die Fische einfach mit den Händen aus der See. Endlich warf ich alle kleinen wieder aus dem Boot und füllte es nur mit Riesen an. Das war ein Traum von Reichtum und Macht – und doch wird solcher Überfluß erlebt. Der Normann sagt dann, daß der Fisch in Bergen steht.

Eidsbygda, 31. Juli 1935

Des Morgens sind wir immer eifrig beim Netz, und ich will Dir den anderen Teil unserer Fänge nachtragen. (…) Zu ihnen gehört der Lippfisch, ein alter Bekannter, den ich schon auf Mallorca und Sizilien zwischen den Klippen angelte. Hier füllt er uns, wenn wir zu nah am Felsen fischen, das Netz zum Überdruß. Die gewöhnliche Sorte ist grün marmoriert mit glasgrünem Bauch, eine andere, seltenere, von rosa Granitfarbe. Besonders schön wirken beide, wenn man sie nebeneinander legt. Einmal aber ging uns ein Männchen im Hochzeitsstaat ins Garn, dessen Pracht uns den Atem verschlug und das Celsus als den Fischkönig bezeichnete. Es war ganz wie aus Glasfluß oder feinem Email, am Rücken tief schmetterlingsblau, am Kopf ins Grüne spielend, die Unterseite leuchtend rot. Die Augen waren feuergolden, mit regenbogenfarbigen Ringen umlegt; die Flossen wie mit rotem Glaspulver bestreut und nach Art der Pfauenfedern gesäumt. Nachdem wir unsere Augen an diesem Zauberfisch gelabt hatten, setzten wir ihn wieder in die See. Die Hochzeitsfarben dieser Tiere sind immer exquisit, und glücklich darf sich preisen, wer den so geschmückten Bräutigam die Braut umspielen sieht. Auch kommt in ihrem Hochzeitsspiel, in ihrem »Wallen«, fast wie im Duft der Blütenpflanzen die bunte Tiefe des Liebestraumes und seine magnetisch strahlende Zauberkraft sehr schön zur Anschauung, und nicht umsonst verschwendet die Natur hier ihre Diamantfarben.

Wenn wir auch nicht wie die Fischer in »Tausendundeiner Nacht« räudige Affen und Kamelsgerippe emporwinden, so gibt es doch auch Fänge ärgerlicher Art, darunter eine große Qualle von über zwanzig

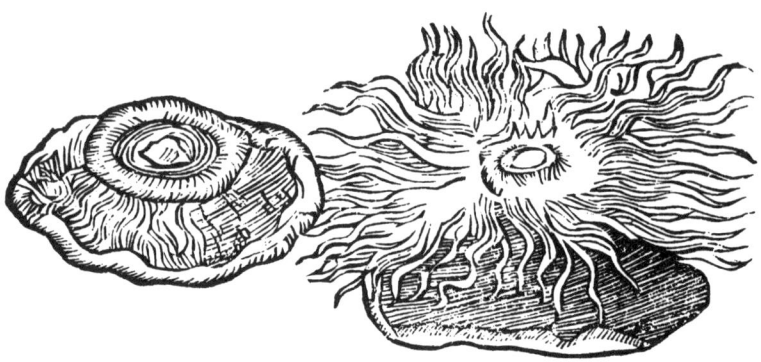

Pfund Gewicht, die sich wie eine dicke rosa Sülze ins Garn einbettet. Obwohl wir sie behutsam herausschälen, verbrennt sie uns doch Hand und Unterarm, die rot anschwellen. Auch teilt ihr Gift sich den Geräten, dem Boote und dem Netze mit, die alle noch für Stunden wie mit Feuerstoff bestrichen sind.

Als wir zum ersten Male einen langen, steingrauen und mit schwarzen Querbinden getigerten Fisch ins Boot zogen, setzte Celsus ihm sogleich mit starken Ruderhieben zu und beschwor uns dabei, unsere Zehen in acht zu nehmen. Wir hatten den Seewolf, der zwischen unseren nackten Füßen umherschnellte, ein Gebiß entblößte, wie man es sonst nur bei Raubtieren sieht. Als ich ihn nachher auf einer Granitplatte sezierte, fand ich Magen und Darm mit einer Breccia von zertrümmerten Muschel- und Krebsschalen gefüllt und nicht nur die Kiefer mit spitzen Kegelzähnen besetzt, sondern auch den Gaumen mit gerillten Panzerplatten bewehrt. Da der Fisch außerdem eine lauernde und tückische Physiognomie besitzt, so schien mir das an ihm vollzogene Strafgericht ganz in der Ordnung zu sein. Der Magister indessen erwies sich auch bei dieser Gelegenheit als denkender Mensch, indem er die Vermutung äußerte, daß hier vielleicht die uralte Mißgunst gegen den Einsiedler lebendig sei und sich in diesem Wesen, das muschelkauend in den Klippen hause, ein kontemplativer Geist verberge, der unseres Schutzes würdig sei. Der Antrag wurde erwogen und dann beschlossen, den Eremiten künftig mit aller Vorsicht wieder über Bord zu setzen. Auf diese Weise sammeln wir Verdienst.

Soviel zur Fangliste, an der noch manches fehlt, wie etwa der gefingerte Knurrhahn, der mir von jeher als ein bunter Schmetterling des Meeres teuer war und den der Normann unter dem häßlichen Namen Bredflap oder Breitmaul kennt. Indessen liegt, wie Du wohl weißt, der eigentliche Reiz des Jagens, Fischens und Sammelns nicht in der Beute, die unsere Hand ergreift. Er liegt vielmehr im Traum von unerhörten Dingen, mit denen der Überfluß der Welt uns überrascht. So könnte uns einmal die Kveite anheimfallen, der große Heilbutt oder Halibut, der aus den Tiefen des Eismeeres kommt und bei köstlichem Fleisch Gewichte bis zu vierhundert Pfund erreicht. Solche Stücke, von denen ein einziges das Boot ausfüllt, sah ich in Bergen auf langen Tischen im Anschnitt ausgestellt. Doch weiß, was Fischen heißt, am besten Celsus, der lange auf den Lofoten lebte, das heißt: an einem der beiden großen Fischgründe der Welt. Gern erzählt er, wie er um Weihnachten zu einer Geburt auf eine einsame Felseninsel gerufen wurde und wie ihm dann der Kindesvater einen Stöhr verehrte, der so gewaltig war, daß er ihn am Mast aufziehen ließ.

»Alle Fische schlafen wenig.«
Konrad von Megenberg

Ueda Akinari (1734–1809) wuchs als unehelicher Sohn einer Geisha bei Adoptiveltern auf. Mit fünf Jahren erkrankte er an Pocken, sein Mittelfinger der rechten Hand blieb verkrüppelt und war ihm zeitlebens beim Malen der Schriftzeichen hinderlich, er gab sich deshalb das Pseudonym »Der Kranke mit den verkrüppelten Fingern«. Und eine Gehirnhautentzündung als Folge dieser Pockenerkrankung machte ihn zum Epileptiker. Akinari ließ sich nicht entmutigen, studierte und arbeitete zunächst als Kaufmann, begann aber nebenbei zu schreiben, eine Tätigkeit, die er bis zu seinem Tode ausübte. Nachdem ein Brand 1771 sein Geschäft vernichtet hatte, widmete er sich dem Studium der chinesischen Medizin und wurde 1775 Arzt. Die (hier stark gekürzte) Erzählung »Geträumte Karpfen«, die in die japanische Lebensatmosphäre des 10. Jahrhunderts zurückführt, entstand wohl während seines Medizinstudiums, als er, der kein Buddhist war, sich auch mit den Lehren Buddhas beschäftigte. Die Originalausgabe erschien 1776 in Ôsaka.

Vor langer Zeit, etwa in der Enchô-Ära, lebte im Tempel Mii-dera ein Mönch namens Kôgi, der als Maler weithin berühmt war. Er malte nur selten Buddha-Bilder oder Landschaften und Vierfüßler. Sobald er Muße hatte, ruderte er auf den Biwa-See hinaus und gab den Fischern, die dort mit Netzen oder Angelruten tätig waren, ein wenig Geld, damit sie ihre noch lebende Beute dem Wasser zurückgaben. So vergnügt wie diese Fische dann herumschwammen, malte er sie, und er wurde darin im Laufe der Jahre wundervoll geschickt.

Eines Tages nun, als er sich eben ans Malen machen wollte, schlummerte er unversehens ein, tauchte im Traum in das Wasser und tummelte sich dort mit großen und kleinen Fischen. Nachdem er aufgewacht war, malte er sie so, wie er von ihnen geträumt hatte, heftete dann das Bild an die Wand und nannte es »Geträumte Karpfen«.

Einige, denen das Bild gefiel, wollten es ihm unbedingt abkaufen, ja, sie begannen sogar miteinander darüber zu streiten, doch Kôgi, der seine Landschafts- und Tierbilder ohne weiteres hergab, wenn einer sie haben wollte, hütete dieses Karfenbild wie einen großen Schatz und erklärte lachend:

»Ich, ein Buddha-Mönch, werde doch nicht Laien, die gegen Buddhas Verbot, lebende Wesen zu töten, Fische essen, diese Karpfen da geben, die ich sorgsam aufgezogen habe!«

Im ganzen Lande sprach man von dem Bild und diesem Ausspruch Kôgis.

Eines Tages wurde Kôgi krank. Sieben Tage später schloß er plötzlich die Augen, konnte nicht mehr atmen und war offenbar tot. Seine Schüler und Freunde versammelten sich um ihn und klagten und weinten. Doch da in seiner Brust noch etwas Wärme zu sein schien, harrte man für jeden Fall weiter bei ihm aus. Tatsächlich bewegten sich seine Hände und Füße nach drei Tagen ein wenig, er seufzte unerwartet auf, öffnete seine Augen, als wäre er von einem Schlaf erwacht, und fragte seine Schüler:

»Ich war wohl sehr lang ohne Bewußtsein? Wieviel Tage sind inzwischen vergangen?«

»Ehrwürdiger, Ihr seid vor drei Tagen gestorben!« gab man ihm zur Antwort.

Kôgi nickte leicht und bat dann:

»Gehe doch einer von euch zum Haus des Unterpräfekten Taira, der ja der Wohltäter unseres Tempels ist, und richte ihm folgende Worte aus: ›Wider Erwarten bin ich, der Priester dieses Tempels, noch am Leben. Ihr feiert sicher eben ein Fest und laßt Euch ein Fischgericht bereiten. Ich bitte Euch, unterbrecht jetzt Euer Fest und kommt zu mir. Ich werde Euch etwas höchst Erstaunliches erzählen!‹ Wenn einer von euch dies also bestellt hat, soll er sich genau umsehen. Bestimmt ist alles so, wie ich es eben schilderte!«

Der Bote, aufs höchste gespannt, begab sich in jenes Haus, bestellte, was ihm aufgetragen worden war. Bestürzt erkannte der Bote, daß alles genau so war, wie es der Priester geschildert hatte. Der Unterpräfekt und seine Gäste waren, als sie die Botschaft des Priesters vernahmen, aufs höchste überrascht, sie legten ihre Eßstäbchen sofort zur Seite und begaben sich in den Tempel.

Kôgi hob leicht den Kopf von seinem Lager, dankte ihnen, daß sie die Mühe nicht gescheut hatten zu kommen, und sagte:

»Ich bitte Euch, Herr, hört zu, was ich Euch jetzt sagen werde, und überlegt, ob es zutrifft. Habt Ihr nicht bei dem Fischer Bunshi einen Fisch für Euer Festmahl bestellt?«

»Ja, das ist richtig, aber woher wißt Ihr das?« staunte der Unterpräfekt.

»Der Fischer Bunshi«, fuhr Kôgi fort, »kam mit einem großen Fisch im Korb, und Ihr saßet mit Eurem jüngerem Bruder im Gastraum und spieltet Go mit ihm. Kamon saß daneben und sah Euch zu, während er in einen üppigen Pfirsich biß. Erfreut über den großen Fisch, habt ihr Bunshi einen Pfirsich gegeben, der in einer langstieligen Schale lag. Dann ließet Ihr ihm Sake reichen. Euer Koch nahm mit wichtigtuerischer Miene den Fisch heraus, um ihn für Euch zuzubereiten. Trifft dies alles zu?«

Überrascht, ja, betroffen bat der Unterpräfekt den Priester, er möge erklären, wie er das alles erfahren habe; daraufhin begann Kôgi zu erzählen.

»In letzter Zeit hat mich ein schier unerträgliches Leiden befallen. Und eines Tages merkte ich vor lauter Schmerz gar nicht, daß ich tot war, und ich ging, auf einen Stock gestützt, ins Freie, damit sich dort mein Fieber kühle. Plötzlich war mir, als wäre ich gar nicht mehr krank; ich fühlte mich so frei und glücklich wie ein Vogel, der seinem Käfig entronnen ist und nun durch die Lüfte fliegt. Ich weiß nicht mehr, durch wieviel Dörfer und über wieviel Berge ich gewandert bin, doch schließlich gelangte ich an den Biwa-See. Beim Anblick seines blauen Wassers erhob sich in mir, der ich von der Wirklichkeit nichts mehr wußte, das Verlangen, dort zu baden. Ich legte mein Gewand ab, sprang mit einem Satz tief hinein und schwamm umher. Obwohl ich nie mit dem Wasser vertraut gewesen bin, nicht einmal als Kind, so genoß ich es doch nun auf meine Weise. Auf einmal überkam mich die Lust, mich wie ein Fisch im Wasser zu tummeln. Im gleichen Augenblick sagte ein großer Fisch, der neben mir herschwamm:

»Was ihr Euch wünscht, Herr, ist gar nicht so schwer. Ich bringe Euch einen Erlaß des Wassergottes: ›Ihr habt Euch, verehrungswürdiger Mönch, zahllose Verdienste erworben, indem ihr lebenden Wesen die Freiheit wiedergabt. Und nun wünscht Ihr Euch, tief ins Wasser hinabzutauchen und Euch mit den Fischen zu tummeln. Ich gewähre Euch hiermit für kurze Zeit eine goldene Karpfenrobe. Genießt die Freuden des Wasserreichs! Nur achtet darauf, daß Ihr nicht, von dem Geruch eines Köders benommen, an irgendeiner Angel hängenbleibt und so Euer Leben einbüßt!‹ Dies sollte ich Euch melden!«

Daraufhin verschwand das Wesen. Verblüfft sah ich an mir hinunter: Ich schimmerte am ganzen Körper von goldenen Schuppen, ich war ein Karpfen geworden!

Ich bewegte den Schwanz und meine Flossen, als wäre dies die natürlichste Sache der Welt, tummelte mich also nach Herzenslust im Wasser. Zunächst ließ ich mich von den Wellen treiben, die ein vom Berg Nagara herabwehender Wind erregte. In der Nähe des Strandes von Shiga erschreckte mich das Hin und Her der Fischer, und ich tauchte bis auf den Grund des Sees, wo sich die Konturen des Hira-Berges spiegelten. Allein, es war schwierig, mich dort zu verstecken, da mich, ohne daß ich mir dessen bewußt war, die Fischer-Feuer von Katada anzogen. Der mitternächtliche Mond verwandelte den See in einen riesigen silbernen Spiegel und beleuchtete mit seinem strahlenden Licht jede der achtzig Buchten – ein berauschender Anblick.

Als die Sonne aufging und das Wasser des Sees erwärmte, schwamm ich nach oben, doch wenn des Windes wegen die Wellen allzu hoch gingen, tauchte ich bis auf den tiefsten Grund hinab. Plötzlich hungrig geworden, suchte ich nach etwas Eßbarem und schwamm, da ich nichts fand, bestürzt weiter, aber dann traf ich unerwartet auf Bunshi, der seine Angelrute ausgeworfen hatte. Sein

Köder roch herrlich. Zum Glück fiel mir die Warnung des Wassergottes ein, und ich sagte mir: ›Du bist ein Schüler Buddhas! Warum solltest du dich, weil du gerade nichts Eßbares auftreibst, so weit erniedrigen, daß du einen Fischköder schluckst?‹ Und ich schwamm weiter. Doch als mein Hunger sich immer gebieterischer meldete, sann ich angestrengt und verzweifelt nach, wie ich mir helfen könnte. Als mein Hunger nicht länger mehr zu bezähmen war, kam mir der Gedanke, daß ich ja, selbst wenn ich den Köder schluckte, mich nicht unbedingt an dem Haken verfangen müßte. Zudem kannten Bunshi und ich uns seit langem. Was hatte ich also zu befürchten? So nahm ich den Köder schließlich in den Mund. Da zog Bunshi schnell die Schnur ein und ergriff mich. ›He! Was machst du da!‹ schrie ich, doch er tat, als hörte er nichts. Er legte mir eine Schnur um die Kiemen, band sein Boot im Schilf fest, tat mich in einen Korb und begab sich zu Euch. Als ihr den großen Fisch saht, stauntet Ihr ihn an, voller Bewunderung. Ich rief Euch zu: ›Habt Ihr denn Kôgi vergessen? Gebt mich frei! Laßt mich zu meinem Tempel zurück!‹

Ich schrie weiter und weiter. Aber Ihr tatet, als hättet Ihr nichts begriffen, und schlugt nur glücklich in die Hände. Der Koch drückte mit den Fingern seiner linken Hand meine Augen so stark, daß es mir fürchterlich weh tat. Schließlich war mir, als würde ich aufgeschnitten – und da erwachte ich aus meinem Traum.«

Verblüfft und tief bewegt sagten der Unterpräfekt und seine Leute:

»Wenn wir jetzt, da Ihr uns dies erzählt habt, zurückdenken – ja, wir haben wohl bemerkt, daß sich der Mund des Fisches mehrmals bewegte, aber wir hörten keinen Laut! Es muß das für Euch ein seltsames, grauenhaftes Erlebnis gewesen sein!«

Dann schickte der Unterpräfekt einen Diener mit dem Befehl nach Hause, das, was von dem Fisch noch übrig war, in den See zu werfen.

Kôgi erholte sich nach und nach von seiner Krankheit. Er starb sehr viel später, in hohem Alter. Kurz vor seinem Tod nahm er mehrere Karpfenbilder, die er gemalt hatte, und versenkte sie im See. Dort lösten sich die gemalten Karpfen von Papier und Seide und tummelten sich munter im Wasser. So erklärt es sich, weshalb Kôgis Karpfenbilder nicht auf die Nachwelt gekommen sind.

Darstellung des Fischstechens
mit mehrzinkigen Speeren.
Aus einer alten japanischen Handschrift.

»Der Hecht: Reglos im Schatten einer Weide,
ist er der Dolch im Gewand eines alten Schurken.«

Jules Renard

»Stoßt an, und feiert hoch das Andenken unsers phanta-
sievollen, witzigen, ja wahrhaft begeisterten Jean Pauls!
Nicht sollst du ihn vergessen, du deutsche Jugend! Gedankt
sei ihm für seine Irrgärten und wundervollen Ersinnun-
gen«, schrieb 1811 der Dichter Ludwig Tieck. Der geniale
Satiriker Jean Paul (1763–1825), der mit vollem Namen
Johann Paul Friedrich Richter hieß und aus Wunsiedel gebürtig war, hat in den Jahren 1800/01 einen Anhang zum
zweiten Band seines umfangreichen Romanwerks »Titan«
geschrieben: »Des Luftschiffers Gianozzo Seebuch«; in diesem findet sich folgende kleine »Fisch-Phantasie«.

Den wahren Himmel auf Erden, sagt' ich oft, besitzt wohl niemand
als ein Seefisch. Wär' ich einer, z.B. ein Haifisch, so könnt' ich unter
dem Eishimmel des Nordpols hervorbrechen, vor der kalten Zone
vorbeischwimmen, dann vor der gemäßigteren und am Gleicher halten und wie andere Normänner Menschen rauben – und dann meine Reise um die Welt fortsetzen. – Ich hätte überall etwas zu fressen,
nämlich meine Wasser-Sassen, die Stockfische, und wo ich fröre oder
schwitzte, säh' ich mein gemäßigteres Klima unter den Floßfedern,
in das ich untertauchen könnte. Welches herrliche, freie, weite Reich,
worin wir Hai- und andere Fische neben einigen gestrandeten Welt-
teilen und Inseln, wovon die wenigsten schwimmen, leben ohne Blitz
und Überschwemmung, ohne Dürre und Mißwachs und ohne Fisch-
seuche!

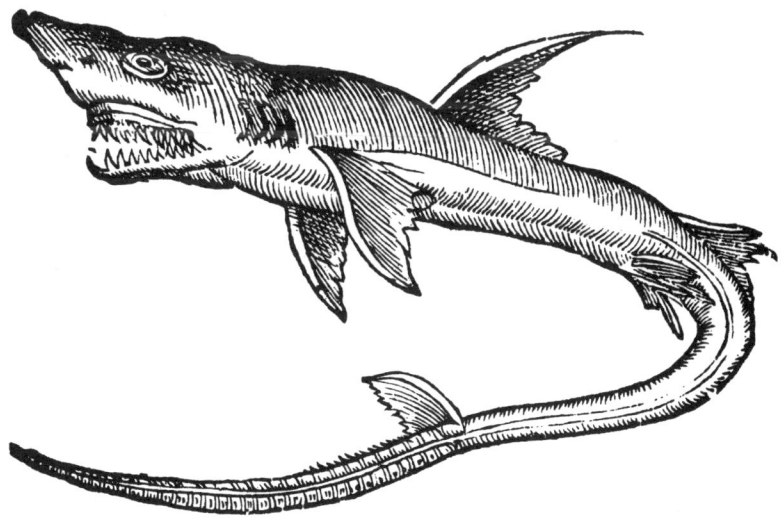

Klaus Rifbjerg
Makrele

Tief aus dem Unbewußten holt der dänische Autor Klaus Rifbjerg (geboren 1931) die Bilder und Motive seiner Prosa, seiner dramatischen Arbeiten und seiner Lyrik. Der Traum, ein Fisch zu sein, wird übrigens unter Berufung auf Nostradamus oft als Angsttraum gedeutet. Das Gedicht »Makrele« von Klaus Rifbjerg ist seinem Band »Uhrenschlag der aufgelösten Zeit« (1991) entnommen.

Ich gehe langsam durch die Stadt,
um meinen Makrelen-
schatten abzulegen.
Ich schreite gesetzt,
um mein Netz zu verlieren.
Ich stehe vor Fenstern und betrachte
meine Fluchtform.
Ich zünde mir eine Zigarette an
und mache Wolken aus Plankton.
Verspeise die Wolken aus Plankton,
werde aber nicht fetter.
Ich möchte gerne eine Makrele
ohne Schatten sein.
Ich bewege mich
zwischen den steilen Ufern der Häuser –
Tore, Erker, Kleiderständer.
Ich sehe den Lichtschacht hinab
und erblicke die Muräne.
Ich tue mich gütlich an
ertrunkenen Matrosen.
Ich verspeise sie sommernachmittags
auf dem kleinen Marktplatz.

Ich bilde einen Schwarm
zwischen Sonnenschirmen.
Ich spucke unverdauliche Reste
von Seeleuten hinter der Hand aus.
Ich werde nicht fetter.
Ich mache mir vergebens Gedanken über meine Kost.
Ich streiche ungesehen um die Ecke.
Ich bin Angehöriger einer Art.
Ich schreite gesetzt durch die Stadt.
Man sagt, mein Körper sei funktional.
Ich trinke Tee und esse Keks,
mein Schatten unvergänglich.
Ich gehe zwischen meinen Streifen,
meine Zähne leuchten,
mein Mund läßt sich nicht schließen.
Ich muß mich seitwärts drehen, wenn ich ihn sehen will.
Funktional ist das nicht.
Ich bleibe vor Fenstern stehen.
Man schaut.
Sie schauen.
Ich spüre Hunger.
Mit meiner Gesetztheit ist es vorbei.
Ich springe.
Die Oberfläche bricht, der
Spiegel schließt sich.
Vorwärts!

Terence Hanbury White
Der König auf Camelot

Eine der wunderbarsten Nacherzählungen der alten Artus-Sagen hat der englische Schriftsteller Terence Hanbury White (1906–1964) geschrieben. Seine Roman-Tetralogie »Der König auf Camelot« ist ein Meisterwerk der modernen Fantasy-Literatur; dem ersten Buch »Das Schwert im Stein« ist die folgende Episode entnommen. Der kleine, gerne herumstreunende Wart wird vom Magier Merlin, der verkehrt herum lebt, also alles, was kommt, schon weiß, aber vergessen hat, auf seine künftige Aufgabe als König Artus vorbereitet. Eine wichtige Station auf diesem Bildungsweg ist seine Verwandlung in einen Fisch. An einem heißen Sommertag stand Wart mit Merlin auf der Brücke des Burggrabens und hatte Lust zu baden.

Es war die hohe Zeit der Seerosen, und wenn Sir Ector nicht einen Teil des Gewässers für die Badefreuden der Jungen hätte freihalten lassen, wäre es gänzlich überwachsen gewesen. So aber war zu beiden Seiten der Brücke ein etwa zwanzig Fuß breiter blanker Wasserspiegel, und man konnte von der Brücke geradewegs hineinspringen. Der Graben war tief. Er wurde als Zucht-Teich genutzt, damit die Schloßbewohner freitags Fisch essen konnten, und aus diesem Grunde hatten die Baumeister Sorge dafür getragen, daß kein Abwasser hineinfloß. In jedem Jahr wurden hier Fische ausgesetzt.

»Ich wollt', ich wär ein Fisch«, sagte Wart.

»Was für einer?«

Es war fast zu heiß, um hierüber nachzudenken, doch Wart starrte gedankenverloren in die kühle, bernsteinfarbene Tiefe, wo ein Schwarm kleiner Barsche schwerelos schwebte.

»Vielleicht möchte ich ein Barsch sein«, sagte er. »Die sind nicht so tölpelhaft wie die dummen Plötzen und andererseits nicht so mordlüstern wie die Hechte.«

Merlin ist einverstanden und verwandelt Wart in einen kleinen Barsch und sich selbst in einen Schlei. Er bringt Wart das Schwimmen bei, zeigt ihm die Welt im trüben Wasser des Burggrabens.

»Schwimm unbesorgt«, sagte der Schlei, »als gäb's nichts auf der Welt, vor dem man Angst haben muß. Siehst du denn nicht, daß es hier genauso ist wie im Wald, durch den du wandern mußtest, um mich zu finden?«

»Wirklich?« – Wart hielt Ausschau. Zuerst sah er nichts. Dann sah er eine kleine durchscheinende Gestalt reglos an der Oberfläche hängen. Sie befand sich knapp außerhalb des Schattens einer Seerose und genoß offenbar die Sonne. Es war ein Hecht-Baby, stocksteif und vermutlich schlafend, und es sah aus wie ein Pfeifenstiel oder ein in die Länge gezerrtes Seepferdchen. Wenn's einmal erwachsen war, würde es ein Räuber sein.

»Ich will dir einen von ihnen zeigen«, sagte der Schlei, »den Beherrscher dieser Gegend. Als Arzt genieße ich Immunität, und als meinen Begleiter wird er dich ebenso respektieren – doch empfehle ich dir, auf dem Sprung zu sein, falls ihm tyrannisch zumute ist.«

»Ist er der König des Burggrabens?«

»Er ist es. Sie nennen ihn Old Jack, und manchmal nennen sie ihn gar nicht mit Namen. Sie sagen einfach Herr Hecht zu ihm. Du wirst schon sehen, was es heißt, ein König zu sein.«

Wart hielt sich ein wenig hinter seinem Lehrmeister, und das war vielleicht ganz gut, denn sie befanden sich fast oberhalb ihres Ziels, ehe er's überhaupt merkte. Als er den alten Despoten gewahrte, zuckte er vor Entsetzen zurück, denn Herr Hecht war vier Fuß lang, sein Gewicht unberechenbar groß. Der kraftvolle Körper, der schattenhaft und nahezu unsichtbar zwischen den Stengeln stand, lief in ein Gesicht aus, das von allen Zügen eines absoluten Monarchen gezeichnet war: von Grausamkeit, Leid, Alter, Stolz, Sehnsucht, Einsamkeit und großen Gedanken, deren Stärke ein Einzelhirn überstieg. Dort also kauerte er, lauerte er; sein ironisches Riesenmaul war herabgezogen, als litte er unter Melancholie; die glattrasierten Kinnbacken verliehen ihm einen amerikanischen Ausdruck: Er ähnelte Onkel Sam. Er war unbarmherzig, desillusioniert, logisch-berechnend, räuberisch, grimmig-wild und kannte keine Gnade – doch sein großes Edelsteinauge war das eines tödlich getroffenen Rehs, geweitet, ängstlich, sensitiv und voller Trauer. Er machte keine Bewegung, sah sie nur an mit seinen Augen.

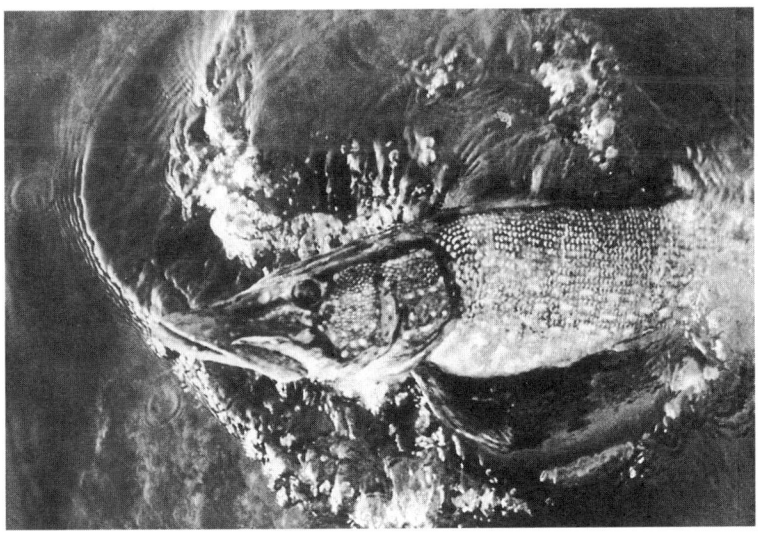

Wart konstatierte, daß Herr Hecht ihm gestohlen bleiben konnte.

»Gebieter«, sagte Merlin, ohne seine Nervosität zu beachten, »ich habe einen jungen Bekenner hergebracht, der lernen möchte, sich zu etwas zu bekennen.«

»Wozu bekennen?« fragte der König des Burggrabens langsam, wobei er kaum den Rachen öffnete und durch die Nase sprach.

»Zur Macht«, sagte der Schlei.

»Laß ihn selber reden.«

»Ach, bitte«, sagte Wart, »ich weiß nicht, worum ich bitten sollte.«

»Es gibt nichts«, sagte der Monarch, »außer der Macht, die zu suchen du vorgibst: die Macht zu zermalmen und die Macht zu verdauen, die Macht zu suchen und die Macht zu finden, die Macht zu warten und die Macht zu fordern – die ganze Macht und Unbarmherzigkeit entspringt dem Genick.«

»Danke.«

»Die Liebe ist ein Schabernack, den die Kräfte der Evolution uns spielen. Das Vergnügen ist der Köder, den selbige auswerfen. Die Macht wird aus dem individuellen Geist geboren, doch die Macht des Geistes genügt nicht. Am Ende wird alles durch die Macht des Körpers entschieden. Macht ist Recht.

Und jetzt halt' ich's für an der Zeit, daß du gehst, junger Herr, denn ich finde diese Konversation uninteressant und ermüdend. Wirklich, du solltest schnellstens verschwinden, für den Fall, daß mein desillusionierter Schlund sich plötzlich entschließen sollte, dich meinen kolossalen Kiemen einzuverleiben, die ebenfalls Zähne haben. Ja, ich halt's für klug, wenn du auf der Stelle gehst. In der Tat, du solltest schleunigst das Weite suchen. Also dann: Empfiehl dich schleunigst meiner ganzen Größe.«

Wart war geradezu hypnotisiert von solch aufwendigen Worten, daß er kaum bemerkte, wie sich der grimmige Rachen ihm immer mehr näherte. Immer dichter heran kam er während des fesselnden Vortrags, bis er einen Fingerbreit vor seiner Nase drohte. Beim letzten Satz klaffte er auf, erschreckend, ungeheuerlich; gierig straffte sich die Haut von Knochen zu Knochen, von Zahn zu Zahn. Nur Zähne schienen sich im Innern zu befinden, scharfe Zähne, wie Dornen in Reihen und Riegen angeordnet, spitzig gleich Nägeln an Arbeitsstiefeln; in der allerletzten Sekunde erst gelang es ihm, sich wiederzufinden, sich zusammenzunehmen, sich seiner Instruktionen zu erinnern und Reißaus zu nehmen. Mit einem einzigen Schwung seines Schwanzes preschte er auf und davon, und unmittelbar hinter ihm schnappte das zahnreiche Gebiß zu.

Einen Augenblick später war er wieder auf dem trockenen Land, stand neben Merlin auf der kochend heißen Zugbrücke und keuchte in seinen klebrigen Kleidern.

»Wir hatten einen kleinen Fischfang eingerichtet, eine Hütte am Meer gezimmert.«
Franz Kafka

*Dogma der Dreieinigkeit
betonende Darstellung*

»Die Geburt Christi fällt mit dem Beginn des Fischezeit-
alters zusammen«, heißt es im Lexikon der Symbole von
W. Bauer, I. Dümotz und S. Golowin, und die »Geburt Jesu
wurde als Geburt eines neuen Aion, eines neuen Zeitalters,
gefeiert, weswegen man ihn auch ›den großen Fisch‹ nannte«. Der Fisch gilt als christliches Symbol, einige der Jünger Jesu waren Fischer, allen voran Petrus, der dann zum
»Menschenfischer« wurde, aber auch Jesus selbst schien
sich bei den Fischen gut ausgekannt zu haben.

1. Darnach offenbarte sich Jesus abermals den Jüngern an dem
Meer bei Tiberias. Er offenbarte sich aber also:

2. Es waren beieinander Simon Petrus und Thomas, der da heißt
Zwilling, und Nathanael von Kana in Galiläa und die Söhne des
Zebedäus und andere zwei seiner Jünger.

3. Spricht Simon Petrus zu ihnen: Ich will hin fischen gehen. Sie
spre-chen zu ihm: So wollen wir mit dir gehen. Sie gingen hinaus und
traten in das Schiff alsobald; und in derselben Nacht fingen sie nichts.

4. Da es aber jetzt Morgen war, stand Jesus am Ufer; aber die Jünger wußten nicht, daß es Jesus war.

5. Spricht Jesus zu ihnen: Kinder, habt ihr nichts zu essen? Sie antworteten ihm: Nein.

6. Er aber sprach zu ihnen: Werfet das Netz zur Rechten des
Schiffs, so werdet ihr finden. Da warfen sie, und konnten's nicht mehr
ziehen vor der Menge der Fische.

7. Da spricht der Jünger, welchen Jesus liebhatte, zu Petrus: Es ist der Herr! Da Simon Petrus hörte, daß es der Herr war, gürtete er das Hemd um sich (denn er war nackt) und warf sich ins Meer.

8. Die andern Jünger aber kamen auf dem Schiff (denn sie waren nicht ferne vom Lande, sondert bei zweihundert Ellen) und zogen das Netz mit den Fischen.

9. Als sie nun austraten auf das Land, sahen sie Kohlen gelegt und Fische darauf und Brot.

10. Spricht Jesus zu ihnen: Bringet her von den Fischen, die ihr jetzt gefangen habt!

11. Simon Petrus stieg hinein und zog das Netz auf das Land voll großer Fische, hundertunddreiundfünfzig. Und wiewohl ihrer so viel waren, zerriß doch das Netz nicht.

12. Spricht Jesus zu ihnen: Kommt und haltet das Mahl! Niemand aber unter den Jüngern wagte, ihn zu fragen: Wer bist du? Denn sie wußten, daß es der Herr war.

13. Da kommt Jesus und nimmt das Brot und gibt's ihnen, desgleichen auch die Fische.

14. Das ist nun das drittemal, daß Jesus offenbart ward seinen Jüngern, nachdem er von den Toten auferstanden war.

Die wohl anschaulichsten Naturbeschreibungen des neunzehnten Jahrhunderts sind dem österreichischen poetischen Realisten Adalbert Stifter (1805–1868) zu verdanken. Das bewaldete Bergland an der Grenze zu Böhmen ist Schauplatz von Stifters Studie »Der Hochwald«. Die Handlung ist ins siebzehnte Jahrhundert verlegt, in die Zeit, in der es noch den »Freischütz« gab, den Jäger, der sich dem Teufel verschrieben hat. Der Freiherr Heinrich von Wittinghausen gibt in Kriegswirren seine beiden Töchter Clarissa und Johanna in die Obhut des guten alten Gregor, der aber am Ende das Unglück, das über Schloß Wittinghausen hereinbricht, nicht verhindern wird können. Gregor hat sich in den Hochwald zurückgezogen, er lebt hier als Jäger, er unternimmt Wanderungen mit den beiden Mädchen in die unheimliche Waldlandschaft, und er erzählt Geschichten, unter anderem die folgende von einem geheimnisvollen Waldsee.

»Ich habe Euch schon gesagt, daß weit von hier ein Haus und ein Feld sei, wo ich und meine Enkel leben, und wo mein Vater und Großvater gelebt haben, und das sagte ich auch, daß einmal viel größere Wälder waren als heute. Damals kam nie einer herauf; denn sie fürchteten die Einöde und entsetzten sich vor der Sprache der Wildnis – da waren nun solche, bei denen die Sage ging, es sei irgendwo ein schwarzes Zauberwasser in dem Walde, in welchem unnatürliche Fische schwimmen, und um das eine verwunschene Steinwand stehe,

»Der Plöckensteinsee«,
Schauplatz der Erzählung »Der Hochwald«.
Zeichnung von Adalbert Stifter

und es seien lange Gänge darinnen. Ich war damals ein Bube, und meine Großmutter wußte viele solche Geschichten. Da steht auch ein Berg drei Stunden von hier. In der uralten Heidenzeit saßen auf ihm einmal drei Könige und bestimmten die Grenzen der drei Lande: Böheim, Bayern und Österreich – es waren drei Sessel in den Fels gehauen, und jeder saß in seinem eigenen Lande. Sie hatten viel Gefolge, und man ergötzte sich mit der Jagd, da geschah es, daß drei Männer zu dem See gerieten und im Mutwill versuchten, Fische zu fangen, und siehe, Forellen, rot um den Mund und gefleckt wie mit glühenden Funken, drängten sich an ihre Hände, daß sie deren eine Menge ans Land warfen. Wie es nun Zwielicht wurde, machten sie Feuer, taten die Fische in zwei Pfannen mit Wasser und stellten sie über. Und wie die Männer so herumlagen, und wie der Mond aufgegangen war und eine schöne Nacht entstand, so wurde das Wasser in den Pfannen heißer und heißer und brodelte und sott, und die Fische wurden darinnen nicht tot, sondern lustiger und lustiger – und auf einmal entstand ein Sausen und ein Brausen in den Bäumen, daß sie meinten, der Wald falle zusammen, und der See rauschte, als wäre Wind auf ihm, und doch rührte sich kein Zweig und keine Welle, und am Himmel stand keine Wolke, und unter dem See ging es wie murmelnde Stimmen: Es sind nicht alle zu Hause – zu Hause … Da kam den Männern eine Furcht an, und sie warfen alle die Fische ins Wasser. Im Augenblicke war Stille, und der Mond stand recht schön an dem Himmel. Sie aber blieben die ganze Nacht auf einem Stein sitzen und sprachen nichts, denn sie fürchteten sich sehr, und als es Tag geworden, gingen sie eilig von dannen und berichteten alles den Königen, die sofort abzogen und den Wald verwünschten, daß er eine Einöde bleibe auf ewige Zeiten.«

Tania Blixen,
Ende der zwanziger Jahre

Geboren und gestorben ist die dänische Schriftstellerin
Tania Blixen (1885–1962), die mit vollem Namen Baronin
Karen Christence Blixen-Finecke hieß, in Rungstedlund
bei Kopenhagen. Nach ihrem Studium an europäischen
Kunstakademien lebte sie mit ihrem Mann viele Jahre in
Kenia, wo sie gemeinsam eine Kaffeefarm bewirtschafte-
ten. Nach ihrer Rückkehr in ihre Heimat 1931 begann sie
zu schreiben und hatte mit ihrem Buch »Afrika, dunkel
lockende Welt« ihren größten Erfolg. Ihre Prosa ist sehr
stimmungsvoll, sehr impressionistisch, sie liebte das Exo-
tische, das Geheimnisvolle.
Ihre Erzählung »Der Taucher« (1948) ist zum Beispiel so
eine seltsam mystische Geschichte in zwei Teilen. Tania
Blixen läßt im ersten Teil eine gewisse Mira Jama das Folgende erzählen: Ein junger islamischer Theologiestudent
will, um Gott und den Engeln näher zu sein, Flügel bauen
für sich und seine Mitmenschen. Er geht zu den Vögeln, beobachtet sie, sammelt Federn und baut Flügel, die ihn hoch
zu den Sternen tragen sollen. Ein junges Mädchen, das ihm
eines Nachts wie ein Engel erscheint, lehrt ihn ein anderes
Glück »auf die himmlische Art«, und er widmet sich nun
diesem Engelsmädchen voller Liebe und Leidenschaft, bis
sie ihm offenbart, daß sie gar kein Engel ist, sondern von
Priestern geschickt, ihn von seinem Flugtraum abzubrin-
gen. Der junge Mann verschwindet. Im zweiten Teil der

Geschichte erzählt der wirkliche Autor, in den Tania Blixen als Ich-Erzählerin geschlüpft ist, von der Begegnung mit einem Perlenfischer, der es zu Reichtum und Ansehen gebracht hat, und den er bittet, zu erzählen, wie er denn zu seinem Erfolg gekommen sei. Der Taucher aber will vorher von dem jungen Dichter eine Probe von dessen Kunst hören. Der Dichter erzählt nun, was ihm Mira Jama von dem jungen Theologiestudenten erzählt hat. Der Perlenfischer gibt sich als der gottsuchende Held dieser Geschichte zu erkennen und erzählt dem verblüfften jungen Dichter, wie er zu Ansehen und Reichtum gekommen ist durch das, was er von den Fischen gelernt hat.

»Als ich das erste Mal auf den Meeresgrund niederstieg, um eine bestimmte seltene Perle zu suchen, die mir damals viel im Kopf herumging, nahm sich ein alter Korallenfisch, Vierhorn nennt man ihn, meiner an. Als er noch sehr klein war, hatten ihn zwei alte Fischer in ihrem Netz eingefangen, und er hatte da eine ganze Nacht zugebracht, im Schlagwasser der Bootsbilge, und den Reden der beiden Alten zugehört, die offenbar fromme und nachdenkliche Leute waren. Am Morgen aber, als das Netz an Land gezogen wurde, ging er ihnen durch die Maschen und schwamm davon. Seitdem lacht er nur noch darüber, daß die anderen Fische so mißtrauisch gegen die Menschen sind. Wahr ist, pflegt er zu sagen, wenn ein Fisch weiß, wie er sich zu benehmen hat, kommt er mit den Menschen bequem zurecht. Er hat sogar angefangen, sich ernsthaft mit der Natur und den Gewohnheiten des Menschen zu beschäftigen, und hält öfters vor einem Fisch-Auditorium Vorträge zu diesem Thema. Auch mit mir unterhält er sich gern darüber.

Ich habe diesem Korallenfisch viel zu verdanken, denn er erfreut sich eines bedeutenden Ansehens im Meere, und ich bin als sein Schützling überall gut aufgenommen worden. Ich verdanke ihm auch viel von dem Wohlstand und Ruhm, der mich, wie man dir gesagt hat, zum glücklichen Menschen hat werden lassen. Aber noch viel mehr verdanke ich ihm, denn bei den langen Unterhaltungen, die wir gehabt haben, vermittelte er mir die Lebensweisheit, die mir Ruhe geschenkt hat.

Folgendes ist es, was er als seine Auffassung vorbringt. Der Fisch, sagt er, ist von allen Geschöpfen am sorgfältigsten und genauesten nach Gottes Ebenbild geschaffen. Alles wirkt zu seinem Besten zusammen, und daraus können wir den Schluß ziehen, daß der Fisch völlig nach Gottes Absicht ins Leben gerufen ist.

Der Mensch vermag sich nur in einer Ebene zu bewegen und ist an die Erde gefesselt. Dabei beschränkt die Erde ihre Stütze allein auf den schmalen Raum unter seinen beiden Fußsohlen, und er muß sein Gewicht mit sich herumschleppen unter bitterem Seufzen. Er muß, so hab ich's jedenfalls den Reden meiner alten Fischersleute entnommen, mühselig Berge erklimmen; dabei kann es ihm passieren, daß er herunterfällt, und wenn das der Fall ist, empfängt ihn die Erde äußerst unsanft. Sogar die Vögel haben zwar Schwingen, aber wenn sie ihre Flügel nicht anstrengen, verrät sie die Luft, in die sie doch hineingeboren sind, und läßt sie fallen.

Wir Fische hingegen werden von allen Seiten gestützt und getragen. Wir lehnen uns vertrauensvoll und in Eintracht gegen unser Element. Wir bewegen uns in jede Richtung, und welchen Kurs wir auch nehmen, das gewaltige Wasser hat so viel Ehrfurcht vor unserer Wohlbeschaffenheit, daß es gehorsam seine Gestalt verändert.

Wir haben keine Hände, können also niemals etwas bauen und basteln und lassen uns nicht von eitlem Ehrgeiz verleiten, daß wir auch nur im geringsten etwas verändern wollten an der Schöpfung des Herrn. Wir säen nicht und werkeln nicht, daher geht auch keine unserer Erwartungen fehl, und nichts schätzen wir verkehrt ein. Die größten unter uns sind unten in der Tiefe zur völligen Dunkelheit gelangt. Und das Muster der Schöpfung können wir mit Leichtigkeit lesen, wir schauen's ja von unten.

Wir Fische ruhen gelassen, von allen Seiten gestützt, in einem Element, das sich unablässig aufs genaueste und unfehlbarste ausgleicht. Einem Element, von dem man sagen kann, daß es unsere persönliche Existenz in sich aufgenommen hat, indem nämlich, unabhängig von unserer individuellen Gestalt und gleichgültig, ob wir Flachfisch sind oder symmetrischer Fisch, unser Gewicht und unsere Körperform danach berechnet sind, wieviel wir von unserer Umgebung verdrängen.

Unsere Erfahrung hat uns bewiesen, was auch die deine dir eines Tages beweisen wird, daß man nämlich ganz wohl ohne Hoffnung dahinschwimmen kann, ja, daß dies ohne Hoffnung sogar besser gelingt. Darum steht auch in unserem Glaubensbekenntnis geschrieben, daß wir alle Hoffnung hinter uns gelassen haben.

Wir riskieren auch nichts. Denn unser Ortswechsel, so lange wir leben, schafft nie und hinterläßt auch nicht, was die Menschen eine Spur, einen Weg nennen – auf welche Erscheinung (aber es ist in Wirklichkeit keine Erscheinung, sondern eine Einbildung) sie unbegreiflich Leidenschaft und Nachdenklichkeit verschwenden.

Der Mensch, dies als letztes, wird beunruhigt vom Gedanken der Zeit und außer allem Gleichgewicht gebracht von einem unablässigen Schweifen zwischen Vergangenheit und Zukunft. Die Bewohner der flüssigen Welt haben Vergangenheit und Zukunft zusammengebracht in einem einzigen Sinnspruch: ›Après nous le déluge.‹«

Pablo Neruda

Als wär's eine Statue von Michelangelo, so beschreibt der chilenische Nationaldichter Pablo Neruda (geboren 1904) die mythische Figur des Fischers in diesem Gedicht aus dem monumentalen, 1964 veröffentlichten lyrischen Zyklus »Memorial en isla negra«. Dieses seltsame, ebenso vitale wie melancholische Gedicht ist ein Bild der Erinnerung an Nerudas Jugendzeit in Chile. 1971 hat er den Nobelpreis für Literatur erhalten. Pablo Neruda, der sich zeit seines Lebens als Dichter wie als Politiker für die demokratischen Grundfreiheiten eingesetzt hatte, starb wenige Tage nach dem Putsch des Diktators Pinochet und der Ermordung Salvador Allendes im Herbst 1973.

Mit langem Speer der nackte Fischer
er greift den an den Klippen haftenden Fisch an
Meer Luft und Mensch sind unbeweglich
vielleicht wie eine Rose geht
das Mitleid auf am Rand des Wassers und steigt empor langsam
in Schweigen die Hartherzigkeit aufhaltend
es scheint die Minuten eine an der anderen
entfalten wie ein Fächer sich
und das Herz des nackten Fischers
beruhigt im Wasser sein Hämmern
als aber der Fels nicht hinsah
und die Woge ihre Herrschaft vergaß
in der Mitte um jenen stummen Planeten
entlud der Blitz des Mannes sich
gegen das unbewegliche Leben des Steins
stieß er den Speer in die makellose Materie
der verwundete Fisch im Lichte zuckte
grausame Flagge der gleichgültigen See
Falter aus blutigem Salz.

Barbara Frischmuth
Die Mystifikationen der Sophie Silber

Im Roman »Die Mystifikationen der Sophie Silber« (1976) der österreichischen Schriftstellerin Barbara Frischmuth, geboren 1941 in Altaussee im Salzkammergut, geht das Wirkliche ins Phantastische über, und umgekehrt das Phantastische ins Wirkliche. Die Fee Amaryllis Sternwieser ist eines jener »lang existierenden Wesen« aus der alpinen Geisterwelt, die es sich zur Aufgabe gemacht haben, bestimmte Menschen beschützend durchs Leben zu begleiten; in ihre besondere Obhut hat sie die Schauspielerin Sophie Silber genommen, die durch die Begegnungen mit ihrem Schutzgeist so manche geheimnisvolle Geschichte aus der Landschaft, in der sie aufgewachsen ist, erfährt. Zum Beispiel die vom seltsamen Naturburschen Toni, der sich auf das Fangen von Forellen mit den bloßen Händen verstanden hatte und auf grausame Weise ums Leben gekommen ist.

Eines Morgens hatte kurz nach dem Erwachen bei der Fee Amaryllis Sternwieser das Gefühl eingesetzt, daß sie irgendwo und von irgend jemandem erwartet wurde. Sehr vage im Anfang, und sie ertappte sich manchmal dabei, wie sie während der Morgenstunden nach irgendwelchen Briefen und Botschaften Ausschau hielt, wie sie den Himmel und die Bäume vor ihrem Fenster nach Vögeln absuchte, die ihr ein Zeichen geben sollten, oder nach anderen Hinweisen in eine bestimmte Richtung.

Als sich am frühen Nachmittag das Gefühl zwar verdichtete, aber noch immer keine konkreten Angaben eintrafen, nahm sie ihr übliches Kräutersammelrüstzeug an sich und brach in Richtung auf eine bekannte Alm hin auf, die in wenigen Wegstunden zu erreichen war und für ihren Reichtum an Kräutern und Beeren gerühmt wurde.

Ans Gehen gewöhnt, schritt sie kräftig aus, zog dabei kleinere Wiesenpfade entlang des Baches dem breiten geschotterten Gehweg vor und, beschwingt vom Rhythmus der eigenen Schritte, kam es ihr auch vor, daß sie sich in der richtigen Richtung bewegte, nämlich in der, die ihr bestimmt war. Und nachdem sie schon längere Zeit unterwegs gewesen war, zog es sie mit einemmal immer weiter vom Bach weg und den waldbedeckten Hang empor, und sie stand nicht an, diesem Ziehen nachzugeben.

Mit einemmal war ihr, als hörte sie nicht nur die Stimmen der Vögel und das Rauschen des Baches, sondern einen menschlichen Ton, der leise und fern noch, aber bereits ausnehmbar an ihr Ohr drang.

Ein Stöhnen, verhalten und in Wimmern übergehend, sagte ihr, daß sie bald am Ziel sein würde.

Und wirklich, an einer Stelle, an der vor kurzem noch Bäume gefällt worden waren, es roch wie betäubend nach frischem Harz, und wo die Äste der Fichten zwar abgeschlagen, aber noch nicht zu Haufen geschichtet worden waren, fand sie nach kurzem Umhergehen die Stelle, an der sie gebraucht, an der sie erwartet wurde.

Sie kannte den Mann, erkannte ihn gleich wieder, obwohl sie außer seinem Gesicht, das von Reisig umgeben auf dichtem Moos lag, nichts sehen konnte. Und auch dieses Gesicht war entstellt und in absoluter Wandlung begriffen, der Schmerz hatte seine Züge in einem Maße verändert, daß selbst Amaryllis Sternwieser vor Schreck zusammenfuhr. Doch sollte gerade ihr das Sterben nicht fremd sein.

Sie hatte diesen Mann oft und oft gesehen, wie er rastlos in den Wäldern umherstreifte und deren Tiere beobachtete, wohl auch hin und wieder eins erlegte, es aber dann verschenkte, als hätte es mit seinem Leben auch jeden Wert für ihn verloren. Sie hatte ihn nachts bemerkt, wie er nackt (dabei war sein Körper so braun von der Sonne, daß selbst ihr kundiger Blick ihn kaum ausnehmen konnte) durch den Bach schritt und die Forellen mit der Hand unter den Steinen hervorzog, wobei seine Finger manchmal der Nachtkühle wegen schon so klamm waren, daß der Fisch ihnen wieder entschlüpfte, was ihm ein lautes triumphierendes Auflachen entlockte, so als sei er selbst und nicht seine Beute dem Tod entronnen. Dann war er eine Weile, mit den Armen rudernd und sich rasch bewegend, auf einem Stein gestanden, bis seine Hände und Arme sich wieder soweit erwärmt hatten, daß er unter den nächsten Stein greifen und nach den Kiemen der ruhig stehenden Forellen tasten konnte.

Wenn er dann seinen Rucksack mit Fischen vollgeladen hatte, schienen sie plötzlich eine große Last für ihn zu bedeuten, und er ging auf irgendein Haus zu, in dem noch Licht brannte, klopfte ans Fenster und warf in dem Augenblick, als das Fenster sich geöffnet hatte, einen oder mehrere Fische ins Innere. Meist war er so schnell wieder verschwunden, daß er nicht einmal die Dankesworte hörte.

Sie hatte ihn mit eigens dazu präparierten Schuhen Felswände hinunterlaufen sehen, ohne den Schritt zu verhalten, jeder Trittmöglichkeit so sicher wie die Gemsen, die er so oft beobachtet und gejagt hatte.

Dieser Mann war ein sehr eigener, den die Frauen mochten, vielleicht gerade weil er sich so rar machte und nur selten in eines der Fenster einstieg, die ihm jederzeit offenstanden.

Und während sie sich all dies in Erinnerung gerufen hatte, war sie neben dem Sterbenden niedergekniet und hatte versucht, seinen Kopf in ihren Schoß zu betten, was ihr auch gelang, ohne ihm weitere Schmerzen zu verursachen.

Und mit einemmal spürte sie, wie sie selbst sich veränderte und sie ihr schönes altes junges Gesicht wiederbekam, das Gesicht, das die Mutter, die Frau und die Tochter eines Mannes zugleich sein konnte, und sie tat all die Dinge, die trösten und erleichtern.

Das Nixen-Motiv in vielen Märchen und Sagen könnte
man deuten als eine Art erotische Projektion der lustvoll
erfolgreichen Jagd nach dem großen Fisch. Goethe läßt in
seinem 1778 entstandenen volksliedhaften Gedicht »Der
Fischer« eine solche symbolträchtige feuchte Nixe ein
verlockendes Angebot machen, auf das ein leidenschaftlicher Angler unter Umständen eingehen könnte: nämlich
abzutauchen in die »Welt im Trüben« und damit die schnö-
de, trockene Welt mit all ihren Sorgen und Nöten für
immer zu verlassen.

Das Wasser rauscht', das Wasser schwoll,
Ein Fischer saß daran,
Sah nach der Angel ruhevoll,
Kühl bis ans Herz hinan.
Und wie er sitzt, und wie er lauscht,
Teilt sich die Flut empor;
Aus dem bewegten Wasser rauscht
Ein feuchtes Weib hervor.

Sie sang zu ihm, sie sprach zu ihm:
»Was lockst du meine Brut
Mit Menschenwitz und Menschenlist
Hinauf in Todesglut?
Ach, wüßtest du, wie's Fischlein ist
So wohlig auf dem Grund,
Du stiegst herunter, wie du bist,
Und würdest erst gesund.

Labt sich die liebe Sonne nicht,
Der Mond sich nicht im Meer?
Kehrt wellenatmend ihr Gesicht
Nicht doppelt schöner her?
Lockt dich der tiefe Himmel nicht,
Das feuchtverklärte Blau?
Lockt dich dein eigen Angesicht
Nicht her in ew'gen Tau?«

Das Wasser rauscht', das Wasser schwoll,
Netzt ihm den nackten Fuß;
Sein Herz wuchs ihm so sehnsuchtsvoll
Wie bei der Liebsten Gruß.
Sie sprach zu ihm, sie sang zu ihm;
Da war's um ihn geschehen:
Halb zog sie ihn, halb sank er hin
Und ward nicht mehr gesehn.

»Auf dem Markte war allerlei zu sehen und ebensoviel darüber zu reden; aber Traupel hütete sich vor letzterem. Er sah lieber Ninetten an und lauschte auf jede mimische Woge, die um jede Fischreuse spielte, in die er einfahren, auf jede Schwimmfeder eines Angelhakens, der für seinen Hechtkopf ein Passionsinstrument werden könnte.« Jean Paul

Er will keine Gewalt ausüben, will sich unterordnen, aber die gewaltsame Durchsetzung staatlicher Ordnungsansprüche zwingen Wang-Lun zum blutigen Aufstand. Alfred Döblin (1878–1957) hat seinen China-Roman »Die drei Sprünge des Wang-Lun« 1915 veröffentlicht. Es ist ein sehr farbenprächtiges Buch, mit zarten Miniaturen und grellen Brüchen, mit ruhigen Bildern und rasenden Szenen. Einzelne Passagen wie die Geschichte mit den Kormoranfischern sind deshalb aus dem Erzählfluß nur schwer herauszulösen. Hier der Zusammenhang: Vier Männer, getarnt als Kurzwaren-Händler, ihr Anführer ist Tang, wollen ohne Verdacht zu erregen zu Wang-Lun, dem Fischer, einem Freund jenes alten rebellischen Kaufmanns Chu, der von Soldaten erschlagen worden ist und dessen Kopf sie in einem Eimer voll Salz mit sich führen. In einem Dorf am gelben Fluß gibt ihnen der Wirt jener Herberge, in der sie abgestiegen sind, einen Tip, wo sie erfolgreich ihre Kurzwaren verkaufen könnten.

Chinesische Kormoranfischerei

Der Wirt wußte schon, daß sie sich mit Tai unterhalten hatten, daß er ihnen aber nichts abgekauft hatte. Er riet ihnen, sich ganz früh bei der Abfahrt der Kormoranfischer am Fluß einzufinden. Da strömten Frauen und Männer zusammen. Ihnen läge doch nicht gerade an Tais verschlossenem Beutel.

Als der scharfe Morgenwind über den Gelben Fluß seine prallen pfeifenden Luftsäcke entleerte, standen die vier unter den rüstenden Leuten. Dutzende lange Flöße schwankten auf dem Wasser, schmal, vorn wenig aufgebogen. Eine Anzahl glitt im weißgrauen Morgenlicht stromabwärts, von Männern, die auf dem Vorderteil des

Schiffes mit Ruderstangen liefen, geführt. Als Tai über den Sand drei lange Schiffsstangen hinter sich schleifte, löste sich aus der Gruppe der vier Händler Tang gegen ihn zu. Gleichzeitig sah der Fischer (Wang-Lun) sie an und rief. Sie sprangen zu. Nachdem sie Stangen und Netze auf sein Floß geworfen hatten, das eine große Breite aufwies, stiegen sie mit ihm auf das Floß. Er gab jedem der Männer, langsam um sie herumgehend, einen Platz und eine Stange. Vor jedem Platz auf den schwankenden Brettern stand ein hoher Korb, auf dem hinteren Floß schrieen und hüpften die abgerichteten Vögel, die Kormorane.

Während die Fischer der Strömung folgten, um Klippen und Sandbänke glitten, tauchten die Vögel, watschelten vor dem Floß, brachten feuchtigkeitssprühende Fische im Schnabel an, die sie in den Korb fallen ließen, nach ihnen hackten. Die rudernden Männer, torkelnd, breitbeinig, sprachen im Tschi-li-Dialekt miteinander, ohne sich umzudrehen. Tai fragte, wo sie im Dorfe wohnten und wo der Eimer wäre. Als Tang geantwortet hatte, unaufgefordert vom Tod Chus präludierte, Wang-Lun gleichmütig ihn hieß, seine Arbeit zu tun, dann würde es ihm gutgehen, schwieg ihre Unterhaltung. Langsam schwammen sie, von Wang gesteuert, gegen eine schwarze senkrechte Uferklippe, ließen die übrigen Flöße vorüber. Das gelbe Element schäumte, rieselte unter ihren nackten Füßen, die Vögel flatterten.

Wang-Lun drehte sich um: »Ich habe euch schon gestern gedroht. Ihr habt hier nichts zu suchen mit dem Kopf des alten Chu. Ich werde euch ins Wasser werfen.«

Tang erwiderte, es sei einer von ihnen in der Herberge, sie fürchteten sich nicht.

Verächtlich fixierte ihn der Fischer, hieb abstoßend in die Klippe. Sie schwammen weiter über den Strom. Als sie ruhiger arbeiteten, schrie einmal Wang plötzlich: Es sei eine Kinderei, eine Niedrigkeit, den Kopf des alten Chu durch alle Provinzen zu schleppen. Wozu? Wem sie damit einen Gefallen täten? Chu sei alt, erfahren, hätte genug Provinzen durchwandert, sie hätten ihm Ruhe gönnen können.

Tang erwiderte, Chu sei noch zuletzt unter die Kämpfer gegangen; er habe gewünscht, ruhelos weiter gegen die Füchse, die Pelzdiebe, die Mandschus zu kämpfen, und das wäre ihm jetzt gegönnt.

»Wodurch?« fragte Wang.

Tang trat einen Schritt näher: »Das weißt du selbst. Er wirbt zum Kampf.« Tangs Augen blitzten.

Wang-Lun drohte: »Ich werde euch ins Wasser werfen.«

Tang höhnte: »Die Kormorane werden uns wieder in deinen Korb legen.«

Wang-Lun: »Fressen werden die Haie euch.«

Wang-Lun und Tang taumelten sich auf dem Floß mit geschwungenen Ruderhölzern entgegen. Tangs Holz sank. Der Mann warf sich auf die Knie: »Ich will ins Wasser springen. Verlangst du?«

Als der Fischer drohend verharrte, der Händler an den Rand des Floßes trat, schwirrten die Kormorane an, und der Knöcherne kehlte dem Händler zu: »Geh an deinen Platz.« Einige Vögel fraßen die zappelnden Fische im Flug; die Ruten pfiffen auf ihre Rücken; krächzend rissen die Kormorane die Schnäbel auf, die Fische schnellten blutend in die Körbe. Die Strömung riß heftig an dem Floß; die Ruderer bremsten und rangen mit dem Wasser. Wangs Floß drehte langsam bei zu der übrigen Flottille, die vor einer eben mit platten Dächern auftauchenden Ansiedlung lag.

Jeder kennt das Bild: An einem Fluß oder Kanal oder am
Ufer irgendeines Gewässers, auf einer Brücke oder auf
einer Mole sitzen die Angler nebeneinander und halten
ihre Ruten über das Wasser, neben sich allerlei zum Angeln
notwendige Utensilien. Wie man auf sprachspielerische
Weise zu einem solchen Bild kommt, demonstriert in
seinem 1970 erschienenen Prosaband »Glashausbesichtigung« der österreichische Schriftsteller Gert Jonke, geboren 1946 in Klagenfurt, einer Stadt, durch die ein Kanal
zum Wörthersee führt.

Unser Haus steht am Ufer des Kanals.

Unser Haus steht neben der Brücke, die über den Kanal führt, neben dem Brückenkopf.

Unser Haus stand schon da, als es noch keinen Kanal gegeben hatte, als noch niemand auf die Möglichkeit eines Kanals gekommen wäre.

Eines Tages beginnen die Diskussionen um einen eventuellen Kanal, der an unserem Haus vorbeiführen sollte. Man nimmt zunächst diese Diskussionen nicht ernst. Doch eines Tages entsteht durch die andauernden Kanaldiskussionen ein Kanal, der seinem Zweck übergeben wird, an dessen Existenz wir uns derart gewöhnen, daß wir uns unser Haus ohne den Kanal gar nicht mehr vorstellen könnten, und wir sind froh, daß unser Haus am Ufer des Kanals steht – so wie wir anfangs nie auf die Idee gekommen wären, daß unser Haus neben der Brücke über den Kanal stehen würde trotz der bereits aufgekommenen Brückendiskussionen, doch die andauernden, sich immer intensiver gestaltenden Brückendiskussionen verursachen eines schönen Tages die Brücke, an deren Existenz wir uns derart gewöhnen, daß wir uns unser Haus ohne die Brücke gar nicht mehr vorstellen könnten.

Du siehst die Fischer, die ihre Angelruten zischend durch die neblige Luft über das Brückengeländer schwenken, sodaß das Ende der Angelschnur mit dem daran befestigten Köder weit entfernt von der Brücke auf der gewellten Wasseroberfläche des Kanals aufklatscht.

Fischer sind ungeduldige Gestalten, warten stets schwer, bis an der Schnur etwas zappelt, einige haben sich auch am Ufer des Kanals niedergelassen, sitzen auf der grasigen Böschung, befestigen die Angelruten in der Böschungserde, indem sie diese fast bis zur Hälfte in den Boden stecken, eingraben, und dann warten sie, bis an der Schnur etwas zappelt. Sie alle haben je zwei große Konservenbüchsen, die sie mit Wasser füllen: eine für lebende Köder: darin schwimmen meistens Regenwürmer, Kaulquappen, Wasserkäfer und kleine Fische herum, die, wenn sie gebraucht werden, herausgeholt und auf die Köderhaken gesteckt werden; die andere (Konservendose) für gefangene Fische, die da hineingeworfen werden, um sie durch längeres Leben möglichst lange frisch zu erhalten. Die Konservendosen für die lebenden Köder sind wesentlich kleiner als jene, die für die Beute bestimmt sind. Die Konservendosen für die lebenden Köder sind landläufige Konservendosen, wie man sie in den Lebensmittelgeschäften, gefüllt mit Erbsen, Bohnen, Ravioli etcetera, kaufen kann, die Konservendosen für die Beute sind jedoch um einiges größer: sie erinnern mich an Essiggurkenkonservendosen, wie man sie ebenfalls in den Lebensmittelgeschäften anzutreffen pflegt: darin sind etwa je hundert Essiggurken, die man beim Kaufmann einzeln, soviel man eben gerade braucht, kaufen kann. Manche Fischer verwenden anstatt der großen Konservendosen für die Beute auch alte verrostete Kübel: das kommt ungefähr auf dasselbe hinaus.

Außerdem, das habe ich vergessen zu erwähnen, führen manche Fischer auch noch eine dritte Art von dosenähnlichen Gefäßen mit sich: das sind meistens tabakdosenähnliche Dosen oder überhaupt regelrechte Tabakdosen, in denen aber kein Tabak mehr ist, weil der Tabak, der sich ursprünglich darin befunden haben dürfte, schon verbraucht worden ist: darin sind ebenfalls Köder: Fliegen, Grillen, Käfer, Spinnen, Libellen und ähnliches oder künstliche Attrappen davon.

Manche Fischer haben auch noch eine zweite solche tabakdosenähnliche Dose bei sich: darin ist wirklich Tabak. Fischer, die eine solche Dose bei sich haben, sind selbstverständlich Pfeifenraucher: sie nehmen während des Wartens auf das Zappeln an der Angelschnur ihre Pfeifen aus den Rocktaschen, holen die zuletzt erwähnten Dosen hervor und stopfen ihre Pfeifen.

Du spürst den manchmal herben, manchmal süßlichen Geruch des verbrannten Tabaks, der vom Ufer des Kanals über die grasbewachsene Böschung zu uns heraufsteigt.

»What Cat's averse to fish?«
Thomas Gray

Nur ganz selten tauchen Fische in den klassischen deutschen oder französischen Fabeln auf. Manfred Kyber (1880–1933), ein baltendeutscher Schriftsteller, aus Riga gebürtig, der bekannt wurde durch seine Tiergeschichten und Märchen, hat eine solche Fischfabel anfang der zwanziger Jahre geschrieben: »Karlchen Krake«. Die Welt unter Wasser imaginiert er auf humorvolle Weise, pointiert karikiert er im Verhalten seiner kleinen Unterwassergesellschaft menschliche Schwächen.

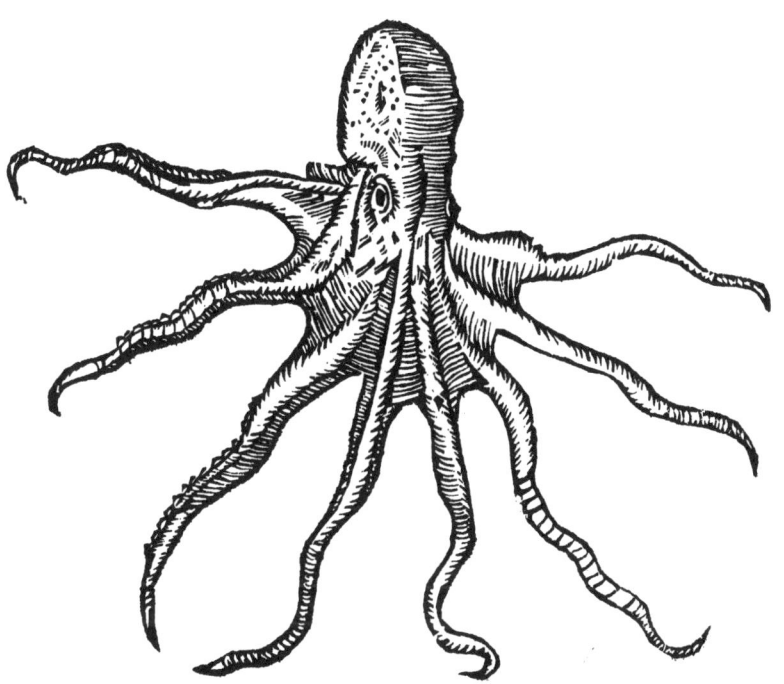

Im Mittelländischen Meer, in einem Felsenloch nahe der Küste, lebte der Tintenfisch Karlchen Krake. Karlchen Krake hatte Augen wie Operngläser, einen sehr bedeutenden Mund und acht Fangarme mit Saugnäpfen, die sich wie Schlangen ringelten und nach Beute suchten. Karlchen Krake war weißgrau, wurde jedoch, wenn er sich ärgerte, abwechselnd braun, rot und gelb und bekam zudem eine Anzahl Warzen auf der Haut. Wenn man das alles bedenkt, muß man sagen: Karlchen Krake war unappetitlich. Karlchen Krake sammelte mit seinen Saugnäpfen kleine Steine und baute sich einen Krater, einen Krakenkrater. In diesen Krakenkrater setzte sich Karlchen Krake und lauerte in seiner sehr unsympathischen Weise. Im Felsenloch gegenüber wohnte der Schwamm Isidor Schluckigel. »Karlchen«, sagte Isidor Schluckigel, »Karlchen Krake, mit Ihnen wird es noch einmal ein schlechtes Ende nehmen. Sie lauern den ganzen Tag mit

Ihren Opernglasaugen auf Beute und können nie genug kriegen. Besonders scheußlich finde ich es, daß Sie dabei alles, was Sie so verspeisen, mit der Tinte aus Ihrem unangenehmen Tintenbeutel verdunkeln.«

Karlchen Krake wurde braun, rot und gelb und bekam lauter Warzen auf seiner Haut.

»Regen Sie sich nicht auf, Karlchen Krake«, sagte Isidor Schluckigel, »es schadet Ihrem Teint. Sie essen auch viel zu große Portionen. Sie haben acht Fangarme mit acht Saugnäpfen. So essen Sie achtmal zu Mittag, wenn ein anderer einmal zu Mittag ißt. Das kann Ihnen nicht bekommen, Karlchen Krake.«

»Sie sollten lieber den Mund halten«, sagte Karlchen Krake, »ein Geschöpf, das festgewachsen ist und das noch nicht einmal weiß, ob es Tier oder Pflanze sein soll!«

»Das ist wahr«, sagte Isidor Schluckigel ruhig, »ich überlege es mir eben noch, wie ich mich am besten weiterentwickele. Wenn man festgewachsen ist, ist man auch nicht so gefräßig wie Sie, man wartet alles behäbig ab und läßte die Ereignisse in einer chronikalen Folge an sich vorüberziehen. Das ist sehr bildend, und Sie sollten sich ein Beispiel daran nehmen, Karlchen Krake.«

Durchs Wasser kam mit eleganten Ruderschlägen die Sardelle Flora Flossenfroh, im bräunlich-blauen Kleide und weiß eingelegter Vorderseite und mit golden glänzenden Schuppen am Kopf, eine unleugbar hübsche Person. Karlchen Krakes Opernglasaugen wurden noch größer, als sie schon waren, und seine Fangarme regten sich appetitvoll. Dabei winkte er mit seinen Saugnäpfen und tropfte Tinte aus seinem Tintenbeutel. Es sah scheußlich aus.

Flora Flossenfroh wandte sich an Isidor Schluckigel.

»Ach bitte, können Sie mir nicht sagen, wie komme ich hier am besten nach dem Atlantischen Ozean!«

»Flora Flossenfroh, warum wollen Sie in den Atlantischen Ozean? Dazu sind Sie viel zu klein. Bleiben Sie in ihren heimischen Familienschwärmen!«

»Ein junges Mädchen muß sich heute emanzipieren«, sagte die Sardelle schnippisch, »es muß frei und selbständig werden, und außerdem leide ich an der großen Sehnsucht nach dem Weltmeer, nach dem Unendlichen ...«

»Nach was für einem Essen haben Sie Sehnsucht?« fragte Karlchen Krake.

»Wenn Sie schon durchaus in die Unendlichkeit wollen«, sagte Isidor Schluckigel, »so bewahren Sie sich wenigstens wie ich einen gewissen chronikalen Sinn für Ihre Erlebnisse! Nach dem Atlantischen Ozean schwimmen Sie immer geradeaus und dann die erste

Querstraße rechts, die Straße von Gibraltar, und dann wieder geradeaus durch die Säulen des Herkules. Schwimmen Sie glücklich, Flora Flossenfroh!«

Die Sardelle bedankte sich und entschwamm.

Karlchen Krake sah ihr mit Opernglasaugen nach: Aber schon hatte etwas Neues seine Aufmerksamkeit erregt. Ein Taschenkrebs kroch langsam näher, er ging seitwärts, und auf seinem Rücken hatten sich Algen und allerlei Pflanzen angesiedelt. Diesmal wartete Karlchen Krake nicht. Mit scheußlicher Geschwindigkeit schossen seine Fangarme aus dem Krakenkrater auf den Herrn, der seitwärts pilgerte und seinen Gemüsegarten bei sich trug. Doch Karlchen Krake war allzu gierig gewesen, er vergriff sich und erwischte nur eine Alge, die ihm abscheulich schmeckte. Der Taschenkrebs verkroch sich unter einem Stein.

»Wie gut«, sagte der Taschenkrebs, »wenn man einen Gemüsegarten auf dem Rücken trägt! Dann kriegen die Leute nur die Gemüse, wenn sie einen rupfen wollen.«

»Mir scheint, dies ist so etwas wie eine Lebensweisheit«, sagte Isidor Schluckigel.

Karlchen Krake wurde braun, rot und gelb und bekam Warzen auf der Haut vor lauter Ärger.

»Ach, bitte«, sagte die Sardelle, die wieder angekommen war, »ach, bitte, können Sie mir nicht sagen, wie hieß die Straße, wo ich am besten nach dem Atlantischen Ozean ...?«

»Flora«, sagte Isidor Schluckigel, »Flora Flossenfroh, die Straße heißt die Straße von Gibraltar, Gi-bral-tar, aber ich verstehe nicht, wie Sie sich emanzipieren wollen, wenn Sie nicht einmal eine Straße behalten können.«

Die Sardelle bedankte sich und entschwamm; aber schon nach wenigen Flossenschlägen stieß sie beinahe mit einer Flunder zusammen. Karlchen Krake war begeistert. Dies Mittagessen endlich schien ihm gewiß zu sein; er hüpfte in seinem Krakenkrater auf und ab und schoß mit den Fangarmen nach allen Seiten.

»Mich kriegt man nicht so leicht«, sagte die Flunder, »bei mir heißt es: Augen rechts und so flach wie möglich! So kommt man überall durch.« Und schon entschwand sie.

»Mir scheint, dies ist so etwas wie eine Lebensweisheit«, sagte Isidor Schluckigel.

»Lebensweisheiten kann ich nicht essen«, sagte Karlchen Krake, verfärbte sich mehrfach und bekam wieder Warzen auf der Haut.

»Ach, bitte«, sagte die Sardelle, die wieder angekommen war, »ach, bitte, können Sie mir nicht sagen, wie hieß der Herr, durch dessen Säulen ich, wie Sie sagten, nach dem Atlantischen Ozean ...?«

»Flora«, sagte Isidor Schluckigel, »Flora Flossenfroh, wie wollen Sie denn in die Unendlichkeit kommen, wenn Sie nicht einmal die Säulen des Herkules behalten können? Her-ku-les. Es ist auch kein Herr, denn er ist schon lange tot – und mit diesen mangelhaften Kenntnissen wollen Sie sich emanzipieren!«

Die Sardelle bedankte sich und entschwamm.

Durchs Wasser sauste mit einer geradezu wahnsinnigen Geschwindigkeit eine Seenadel, und Karlchen Krake vergaß alles Lauern und stürzte sich mit Saugnäpfen, Opernglasaugen und Tintenbeutel aus dem Krakenkrater heraus, um die Seenadel zu fressen. Aber sosehr er auch mit den unappetitlichen Fangarmen schlingerte, sosehr er die Opernglasaugen nach allen Seiten wandte und Tinte aus seinem Tintenbeutel spritzte – die Seenadel war nicht zu erreichen.

»Diese Person«, sagte Isidor Schluckigel, »diese Person leidet an Störungen. Es überkommt sie plötzlich der Wahn, das Meer sei zerrissen, und sie müsse es nähen, sonst ginge alles aus den Fugen. Es ist dies ein spezifisch akademischer Wahn, aus der eigenen sonderbaren Beschaffenheit auf die Beschaffenheit der Welt zu schließen.«

»Ach, bitte«, sagte die Sardelle, die schon wieder angekommen war, »ach, bitte, können Sie mir nicht sagen, komme ich so, wie Sie sagten, auch bestimmt nach dem Atlantischen Ozean?«

Der Schwamm sperrte alle Poren auf.

»Flora«, sagte er, »Flora Flossenfroh, wenn Sie immer wiederkommen, werden Sie niemals den Atlantischen Ozean erreichen, und wenn ich Ihnen etwas sage, dann ist es richtig, denn ich bin für die chronikale Genauigkeit. Schwimmen Sie ab, Flora Flossenfroh!«

Die Sardelle bedankte sich und entschwamm.

Isidor Schluckigel schloß die Poren und schlief ein. Unterdessen begab sich mit Karlchen Krake etwas Scheußliches. Karlchen Krake wurde braun, rot und gelb, Karlchen Krake bekam Warzen auf der Haut vor Wut, daß ihm jedes Mittagessen entschlüpft war, und Karlchen Krake entleerte seinen Tintenbeutel bis auf den letzten Rest. Und in der eigenen Tinte fraß Karlchen Krake sich selbst auf. Er schmeckte sich selbst ausgezeichnet; nur ein unklares Gefühl überkam ihn, als ob da etwas nicht in Ordnung sei. Aber dann war es schon zu spät. Als Isidor Schluckigel die Poren wieder öffnete, sah er, was geschehen war, und nahm es zur chronikalen Kenntnis.

»Karlchen«, sagte er, »Karlchen Krake, ich habe es Ihnen immer gesagt, es wird noch einmal ein schlechtes Ende mit Ihnen nehmen.« Dies war die Grabrede Isidor Schluckigels auf Karlchen Krake.

Flora Flossenfroh war inzwischen im Atlantischen Ozean gelandet. Nun war die Emanzipation der Frau vollzogen, nun war sie frei, groß und selbständig – eine Sardelle im Atlantischen Ozean! Sie hatte die Unendlichkeit gesucht und gefunden, und so war sie, so klein sie doch war, doch größer als die Flunder, als der Herr mit dem eigenen Gemüsegarten und die akademische Seenadel, und sicherlich größer als ein behäbiger Schwamm und als Karlchen Krake.

»Ich fing auch 'nen schönen großen Kaulbarsch,
und Jim machte ihn mit seinem Messer sauber und briet ihn.«
Mark Twain

Wäre es nicht eine spannende Kriminalgeschichte, es könnte als Anglerlatein aufgefaßt werden: Zwei Händler kommen zu Lonnie in die Wildnis, um von ihm wie gewohnt Fische zu holen. Als sie die über den Fluß gespannte Angelschnur untersuchen, erleben sie eine böse Überraschung. Das ist der Beginn der Erzählung »Hand auf den Wassern« von William Faulkner (1897–1962), einem der bedeutendsten Erzähler dieses Jahrhunderts aus den Südstaaten der USA. Der Text ist erstmals 1949 in New York veröffentlicht worden, und zwar in dem Erzählband »Der Springer greift an« (»Knight's Gambit«), in einem Buch, das für die Entwicklung der anspruchsvollen sozialkritischen Detektiv-Literatur von großer Bedeutung war. 1950 erhielt Faulkner den Nobelpreis für Literatur.

William Faulkner

Die beiden Männer folgten dem Pfad – dort, wo er sich zwischen dem Fluß und einer dichten Wand aus Zypressen und Riesenohr und Amberbäumen und Dornengestrüpp hinzog. Der eine trug einen frisch gewaschenen Jutesack, der aussah, als sei er sogar gebügelt worden. Der andere war ein junger Bursche, keine zwanzig, seinem Gesicht nach zu urteilen. Der Wasserstand war niedrig, wie er es Mitte Juli immer war.

»In solchem Wasser sollt er wohl Fische fangen«, sagte der Bursche.

»Falls es ihm gerade nach Fischen zumute ist«, entgegnete der Mann mit dem Sack. »Er und Joe spannen die Flußleine bloß dann, wenn Lonnie Lust hat, und nicht, wenn die Fische anbeißen.«

»Jedenfalls werden sie an der Leine sein«, sagte der Bursche. »Es wird Lonnie wohl einerlei sein, wer sie abnimmt.«

Bald darauf stieg das Gelände zu einer gelichteten Stelle an, die fast einem Kap glich. Darauf stand eine Hütte mit spitzem Dach, die teils aus modrigem Segeltuch und Brettern von allerlei Länge und teils aus plattgehämmerten Benzinkanistern bestand. Ein rostiges Ofenrohr ragte wie betrunken darüber hinaus; ein dürftiger Holzstoß war da, und eine Axt, und gegen den Dachrand lehnte ein Bündel Stangen aus Rohr. Dann sahen sie auf dem Boden vor der offenen Tür etwa ein Dutzend kurzer Bindfadenendchen, die gerade vor einer danebenliegenden Rolle abgeschnitten worden waren, und eine verrostete Blechbüchse, die halb mit schweren Angelhaken gefüllt war, von denen einige bereits in den Bindfäden steckten. Doch kein Mensch war zu sehen.

»Das Boot ist fort«, sagte der Mann mit dem Sack. »Also kann er nicht zum Laden gegangen sein.« Dann bemerkte er, daß der Bursche weitergegangen war, und er holte tief Atem und wollte ihm gerade etwas nachrufen, als plötzlich ein Mann aus dem Unterholz hervorgestürmt kam und stehenblieb, ihn ansah und einen flehentlich wimmernden Laut ausstieß – kein großer Mann, aber einer mit gewaltigen Armen und Schultern; ein Erwachsener, der noch etwas Kindliches an sich hatte – in der Art, wie er umherging, barfuß, in abgetragenem Overall und mit den flehenden Augen der Taubstummen.

»Hei, Joe!« rief der Mann mit dem Sack und hob die Stimme, wie man es leicht bei Menschen tut, von denen man weiß, daß sie einen nicht verstehen können. »Wo ist Lonnie?« Er hob den Sack in die Höhe. »Habt ihr Fische?«

Doch der andere blickte ihn nur an und stieß das rasche Gewimmer aus. Dann drehte er sich um und schusselte den Pfad entlang, auf dem der junge Bursche verschwunden war, der gerade eben rief: »Sieh dir bloß mal die Leine an!«

Der ältere Mann folgte ihm. Der junge Bursche beugte sich eifrig aufs Wasser hinaus und hielt sich dabei an einem Baum, von dem ein helles, straff gespanntes Baumwollseil schräg ins Wasser hineinstieß. Der Taubstumme stand genau hinter ihm, wimmerte immer noch und trat abwechselnd von einem Fuß auf den anderen; doch bevor der ältere Mann ihn erreicht hatte, drehte er sich schnell um und schusselte an ihm vorbei und wieder zur Hütte hinauf. Bei dem jetzigen Wasserstand hätte die von Ufer zu Ufer gespannte, an je einem Baum befestigte Leine frei über dem Wasserspiegel hängen müssen, und nur die Haken an den einzeln herabhängenden Bindfadenenden hätten im Wasser stecken sollen. Doch die Leine stieß von beiden Ufern schräg ins Wasser hinein; ein schweres Gewicht zerrte sie stromab, und auch der ältere Mann konnte eine Bewegung daran wahrnehmen.

»Er ist so groß wie ein Mensch!« schrie der Bursche.

»Drüben ist sein Boot«, sagte der ältere Mann. Auch der junge Bursche sah es: Am anderen Flußufer und weiter stromab lag es in einer kleinen Bucht im Weidengebüsch. »Schwimm rüber und hol's, dann können wir nachsehen, wie groß der Fisch ist!«

Der Bursche schlüpfte aus Schuhen und Overall, zog sich das Hemd über den Kopf und watete hinaus und begann zu schwimmen, wobei er geradeaus hielt und sich von der Strömung zum Nachen hinuntertragen ließ; dann nahm er den Nachen und paddelte ihn, aufrecht darin stehend, zurück und blickte eifrig stromauf zu der schwerbelasteten Leine, an deren mittelster Stelle sich das Wasser von Zeit zu Zeit wie in einem unsichtbaren Sog schwerfällig überschlug. Er legte mit dem Nachen an, unterhalb von dem älteren Mann, der im gleichen Augenblick wieder dicht hinter sich den Taubstummen entdeckte, wie er noch mal den raschen, flehentlichen Laut ausstieß und in den Nachen zu springen versuchte.

»Geh weg!« sagte der ältere Mann und schob den Taubstummen mit dem Arm zurück. »Geh weg, Joe!«

»Mach schnell!« rief der junge Bursche und spähte eifrig nach der eingetauchten Leine, an der sich etwas, noch während er hinsah, träge an die Oberfläche wälzte und dann wieder versank. »Es ist was dran, so wahr es Schweine in Georgia gibt! Und es ist auch so groß wie ein Mensch!«

Der ältere Mann trat in den Nachen. Er behielt die Leine in der Hand und zog sich und den Nachen, eine Hand um die andre, an der Leine aufs Wasser hinaus.

Plötzlich begann der Taubstumme auf dem Ufer hinter ihm richtige Rufe auszustoßen. Es klang sehr laut.

An der Leine hing Lonnie Grinnup.

»Ich konnte die Fische sehen«, sagte der junge Bursche später dem Sheriff, »die ganze Zeit hab ich gesehen, wie sie im Wasser rumplanschten. Sie wollten nicht weg. Sie sind sogar noch an ihm drangewesen, als wir ihn hochhievten, und sie fraßen und fraßen! Fische! Ich weiß, daß Schildkröten so was machen, aber es waren Fische. Fraßen an ihm. Natürlich hatten wir geglaubt, ein Fisch wär da. Aber so? Nie wieder kann ich Fisch essen. Nie wieder!«

Ein pensionierter Polizeikommandant erzählt einem be-
rühmten Kriminalschriftsteller eine Geschichte, mit der
er beweisen will, daß die literarischen Erfindungen und
Konstruktionen in der Wirklichkeit keine Entsprechungen
haben, ja daß sie weit hinter der Wirklichkeit zurückblei-
ben. Ein Requiem auf den Kriminalroman nannte deshalb
der listige Schweizer Schriftsteller Friedrich Dürrenmatt
(1921–1990) seinen 1958 erschienenen Kriminalroman
»Das Versprechen«. Es geht darin um die Aufklärung eines grausigen Mordes an einem kleinen Mädchen. Der
Kommissär Matthäi, der sich des Falles annimmt, will
dem Mörder eine Falle stellen. Er erzählt dem alten Polizei-
kommandanten von einer Begegnung mit angelnden
Buben, die ihn auf eine gute Idee gebracht hat.

»Ich bin Fischerjungen begegnet.«

»Fischerjungen?«

»Na ja, Buben, die fischten, genauer.«

Ich starrte ihn verwundert an.

»Sehen Sie«, erzählte er, »nach meiner Entdeckung fuhr ich zuerst in den Kanton Graubünden. Logischerweise. Doch bin ich mir
bald über den Unsinn meines Unterfangens klar geworden. Der Kanton Graubünden ist so groß, daß es schwerfällt, hier einen Mann zu
finden, von dem man nichts weiß, als daß er großgewachsen sein muß
und einen alten schwarzen Amerikaner fährt. Über siebentausend
Quadratkilometer, über hundertdreißigtausend Menschen, verzettelt
in Unmengen von Tälern – ein Ding der Unmöglichkeit. An einem
kalten Tage nun habe ich ratlos am Inn gesessen, im Engadin, und
schaute Knaben zu, die sich am Flußufer beschäftigten. Ich wollte
mich schon abwenden, als ich bemerkte, daß die Buben auf mich
aufmerksam geworden waren. Sie sahen erschrocken aus und standen verlegen herum. Einer hatte eine selbstverfertigte Angel bei sich.
›Fische nur weiter‹, sagte ich. Die Knaben betrachteten mich mißtrauisch. ›Sind Sie von der Polizei?‹ fragte ein rothaariger, etwa zwölf-
jähriger Junge mit Sommersprossen. ›Sehe ich so aus?‹ entgegnete ich.
›Na, ich weiß nicht‹, antwortete der Junge. ›Ich bin nicht von der Polizei‹, erklärte ich. Dann schaute ich zu, wie sie die Köder ins Wasser
warfen. Es waren fünf Buben, alle in ihre Beschäftigung versunken.
›Es beißt keiner an‹, sagte nach einer Weile der sommersprossige Junge resigniert und kletterte das Ufer hoch, kam zu mir. ›Haben Sie vielleicht eine Zigarette?‹ fragte er. ›Du bist ja gut‹, sagte ich, ›du in deinem Alter.‹ ›Sie sehen so aus, als würden Sie mir aber eine geben‹,
erklärte der Junge. ›Dann muß ich wohl‹, antwortete ich und hielt
ihm mein Paket Parisiennes hin. ›Danke‹, sagte der Sommersprossige, ›Feuer habe ich selbst.‹ Dann blies er den Rauch durch die Nase.

›Das tut gut, nach dem totalen Mißerfolg der Fischerei‹, erklärte er großtuerisch. ›Na‹, meinte ich, ›deine Kameraden scheinen aber eine größere Ausdauer als du zu haben. Sie fischen weiter, und sicher werden sie bald etwas fangen.‹ ›Das werden sie nicht‹, behauptete der Junge, ›höchstens eine Äsche.‹ ›Du möchtest wohl einen Hecht‹, neckte ich ihn. ›Hechte interessieren mich nicht‹, antwortete der Knabe. ›Forellen. Aber das ist eine Geldfrage.‹ ›Wieso?‹ wunderte ich mich. ›Als Kind habe ich sie mit der Hand gefangen.‹ Er schüttelte geringschätzig den Kopf. ›Das waren junge. Aber fangen Sie einmal einen ausgewachsenen Räuber mit der Hand. Forellen sind Raubfische wie die Hechte, doch schwieriger zu fangen. Dazu sollte man eben ein Patent haben, und das kostet Geld‹, fügte der Junge bei. ›Na, ihr macht es schließlich ohne Geld‹, lachte ich. ›Der Nachteil dabei ist nur‹, erklärte der Junge, ›daß wir nicht an die richtigen Orte kommen. Da sitzen eben die mit den Patenten.‹ ›Was verstehst du unter einem richtigen Ort?‹ fragte ich. ›Sie verstehen offenbar nichts vom Fischen‹, stellte der Junge fest. ›Das sehe ich ein‹, antwortete ich. Wir hatten uns beide auf die Uferböschung gesetzt. ›Sie stellen sich wohl vor, daß man die Angel einfach irgendwo ins Wasser werfen müßte?‹ meinte er. Ich wunderte mich ein wenig und fragte, was denn da Falsches dabei sei? ›Typisch für einen Anfänger‹, entgegnete der Sommersprossige und blies wieder den Rauch durch die Nase: ›Zum Fischen muß man vor allem zweierlei kennen: den Ort und den Köder.‹ Ich hörte ihm aufmerksam zu. ›Nehmen wir an‹, fuhr der Knabe fort, ›Sie wollen eine Forelle fangen, einen ausgewachsenen Räuber. Sie müssen nun zuerst überlegen, wo sich der Fisch am liebsten aufhält. An einem Ort natürlich, wo er gegen die Strömung geschützt ist, und zweitens wo eine große Strömung ist, weil hier um so mehr Tiere vorbeigeschwommen kommen, also etwa flußabwärts hinter einem großen Stein oder noch besser: flußabwärts hinter einem Brückenpfeiler. Solche Orte sind natürlich leider von Patentfischern besetzt.‹ ›Die Strömung muß unterbrochen werden‹, sagte ich. ›Sie haben es kapiert‹, nickte er stolz. ›Und der Köder?‹ fragte ich. ›Da kommt es eben darauf an, ob Sie einen Raubfisch fangen wollen oder etwa eine Äsche oder einen Aalbock, die Vegetarier sind‹, war seine Antwort. ›Einen Aalbock zum Beispiel können Sie mit einer Kirsche fangen. Aber einen Raubfisch, eine Forelle also oder einen Barsch, müssen Sie mit etwas Lebendigem fangen. Mit einer Mücke, mit einem Wurm oder mit einem kleinen Fisch.‹ ›Mit etwas Lebendigem‹, sagte ich nachdenklich und erhob mich. ›Hier‹, sagte ich und gab dem Jungen das ganze Paket Parisiennes. ›Das hast du verdient. Jetzt weiß ich, wie ich meinen Fisch fangen muß. Zuerst muß ich den Ort suchen und dann den Köder.‹«

Matthäi schwieg. Ich sagte lange nichts, trank meinen Schnaps, starrte ins schöne Vorsommerwetter mit der Knallerei vor dem Fenster und zündete meine erloschene Zigarre wieder an.

»Matthäi«, begann ich endlich, »nun verstehe ich auch, was Sie vorhin mit dem Fischen meinten. Hier bei dieser Tankstelle ist der günstige Ort, und diese Straße ist der Fluß, nicht wahr?«

Matthäi verzog keine Miene.

»Wer von Graubünden nach Zürich will, muß sie benützen, will er nicht den Umweg über den Oberalppaß machen«, antwortete er ruhig.

»Und das Mädchen ist der Köder«, sagte ich und erschrak.

»Es heißt Annemarie«, antwortete Matthäi.

»Und jetzt weiß ich auch, wem es gleicht«, stellte ich fest. »Dem ermordeten Gritli Moser.«

Wir schwiegen beide aufs neue. Draußen war es wärmer geworden, die Berge flimmerten im Dunst, und die Schießerei dauerte an, offenbar ein Schützenfest. »Begehen Sie da nicht eine Teufelei?« fragte ich endlich zögernd.

»Möglich«, gab er zur Antwort.

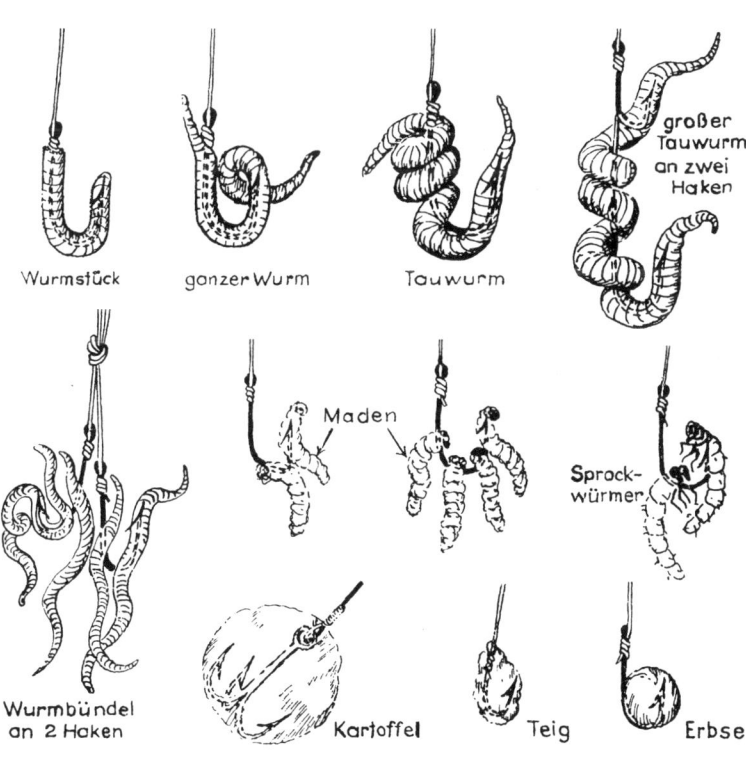

Wurmstück   ganzer Wurm   Tauwurm   großer Tauwurm an zwei Haken

Maden   Sprockwürmer

Wurmbündel an 2 Haken   Kartoffel   Teig   Erbse

Aldous Huxley
Nach vielen Sommern

Aldous Huxley

Der amerikanische Millionär Stoyt will nicht sterben. Er beauftragt Dr. Obispo, ein Mittel zu finden, das den Tod lange hinauszögert oder gar überwindet. Gleichzeitig engagiert er den skurrilen englischen Wissenschaftler Jeremy Clayton, um die alten, wertvollen Howbergh-Schriften zu sichten, die er gekauft hat, es handelt sich um Aufzeichnungen eines gelehrten englischen Grafen. Jeremy Clayton findet heraus, daß dieser Howbergh bereits im 18. Jahrhundert eine solche Arznei zur Erlangung eines außerordentlich langen Lebens gefunden hat. – Am Ende dieses ironisch-kritischen Romans »Nach vielen Sommern« des englischen Schriftstellers Aldous Huxley (1894–1963) stellt sich heraus: Graf Howbergh lebt tatsächlich immer noch, hat aber mittlerweile begonnen, sich in einen Affen zurückzuverwandeln. Hier nun die Stelle in den Aufzeichnungen Howberghs, in denen er beschreibt, wie er das Wundermittel gefunden hat. Jeremy Clayton liest dem Dr. Obispo die »Eintragung vom elften Januar 1797« vor:

»›In diesem Jahre wecket die Wiederkehr meines Geburtstages düsterere Gedanken denn je. Ich bin zu matt, sie aufzuzeichnen. Das Wetter war schön und beachtlich warm für diese Jahreszeit. Ließ mich in meinem Sessel zu den Fischteichen tragen. Die Glocke wurde geläutet, und sogleich kamen die Karpfen eilig zur Fütterung herbey. Der Anblick solcher Creatur gewähret mir fast das einzige verbliebene Vergnügen. Die Dummheit dieser Geschöpfe ist ohne Anmaaßung, und ihre Bösartigkeit hängt vom Appetit ab und tritt daher nur zeitweilig auf. Menschen sind systematisch und ohne Unterlaß grausam, während sie ihre Thorheiten im Namen der Religion und der Politik rechtfertigen und ihre Unwissenheit mit dem Prunkgewande der Philosophie verhüllen.

Mittlerweile, als ich die Fische sich um ihr Futter balgen sah wie eine Schar von Theologen um die Erlangung einer Pfründe, kehrten meine Gedanken zu der vertrackten Frage zurück, über die ich vordem schon so oft nachgedacht. Warum soll der Mensch mit siebenzig Jahren sterben und ein Fisch sich seine Jugend zwey oder drey Jahrhunderte lang bewahren? Früher einmal dachte ich, daß Karpfen und Hechte länger leben, beruhe auf einem Vorzug ihres wässerigen Elementes vor unserer Luft. Aber das Leben mancher subaquaren Thiere ist kurz, wogegen das Leben gewisser Vögel die Menschenspanne überdauert.

Ich habe mich auch gefragt, ob die längere Lebensdauer der Fische nicht von der eigenartigen Weise herrühre, wie sie ihre Jungen zeugen und gebären. Aber auch da stehen mir fatale Einwände entgegen. Die Männchen der Papageyen und der Raaben fröhnen nicht der Selbstbefriedigung, sondern paaren sich; Elephantenweibchen legen keine Eyer, sondern gehen – wenn wir M. de Buffon glauben dürfen – nicht weniger als vierundzwanzig Monate trächtig. Papageyen, Raaben und Elephanten aber sind langlebige Thiere, woraus wir zu folgern genöthiget sind, daß die Kürze des menschlichen Lebens andere Ursachen haben müsse als die Art und Weise, wie die Männchen zeugen und die Weibchen die Species fortpflanzen.

Die einzigen Hypothesen, gegen die ich keine offenkundigen Einwände erblicken kann, sind die folgenden: Die Nahrung solcher Fische wie Karpfen und Hechte enthalte eine Substanz, die ihre Körper vor dem Verfalle bewahrt, welcher die Mehrzahl aller Geschöpfe noch bei Lebzeiten ereilet; oder die Substanz, welche den Verfall verhüthet, sey im Körper der Fische selbst zu finden, besonders, wie füglich angenommen werden darf, im Magen, in der Leber, im Gedärm und in anderen Organen der Digestion und Assimilation. Bey kurzlebigen Thieren, wie bey dem Menschen, muß angenommen werden, daß die den Verfall verhüthenden Substanzen nicht vorhanden seyn. Sonach entsteht die Frage, ob diese Substanzen aus dem Körper des Fisches in den Körper des Menschen können übergeführt werden. Die Geschichte verzeichnet keinerley bemerkenswerten Beyspiele von Langlebigkeit unter den Ichthyophagen; auch habe ich nie wahrgenommen, daß die Bewohner von Seehäfen und anderen Orten, wo es Fische die Fülle giebt, besonders langlebig seyn. Daraus brauchen wir jedoch nicht zu schließen, daß die Substanz, welche den Verfall verhüthet, aus dem Fisch in den Menschen nicht könne verpflanzet werden. Kochet doch der Mensch seine Nahrung, bevor er sie verzehrt, und wir haben tausend Beyspiele dafür, daß sich viele Substanzen unter dem Einflusse der Hitze durchaus verändern; überdies wirft der Mensch just diejenigen Organe des Fisches für ungenießbar weg, in

welchen wir die den Verfall verhüthende Substanz am ehesten ver-
muthen dürfen.‹«

»Herrgott!« rief Dr. Obispo, unfähig, sich länger zu beherrschen.
»Erzählen Sie mir nicht, daß der alte Vogel am Ende rohe Fischdär-
me ißt!«

Jeremy hatte inzwischen das Ende dieser und den Beginn der
nächsten Seite überflogen. – »Ja, grade das tut er!« rief er begeistert.
»Hören Sie zu! ›Meine ersten drey Versuche verursachten mir unbe-
herrschbares Vomieren; beim vierten brachte ich es fertig, ein Mund-
voll herunterzuwürgen, aber mein Triumph ward nach wenigen Minuten zunichte gemacht, indem ich mich aufs heftigste übergeben
mußte. Erst beim neunten oder zehnten Versuche gelang es mir, ein
paar Löffel des ekelnden Gehäcksels herunterzuschlucken und zu behalten.‹«

Der Schriftsteller Wolfgang Weyrauch (1904–1980) versuchte, die Wirkung seines gesellschaftspolitischen Engagements durch neue, originelle Schreibformen zu verstärken, und er nutzte dafür alle literarischen Genres, so auch das Hörspiel. »Weyrauch ist von allen mir bekannten Hörspielautoren der radikalste«, behauptete Martin Walser, und er meinte damit die Verlagerung der Handlung in die Stimme, die Wolfgang Weyrauchs Hörspiele charakterisiert. In dem Hörspiel »Die japanischen Fischer« (1955) ist es die Angst vor der ungeheuerlichen globalen Bedrohung für Mensch und Tier durch die Atombombe, die Weyrauch auf eindringlich anklagende Weise zum Ausdruck bringt.

Wolfgang Weyrauch
Die japanischen Fischer

STIMMEN VON FISCHERN Wir fuhren mit unseren Booten aufs Meer. Wir wollten den Thunfisch fangen.

Wie jedes Jahr.

Unsere Frauen brachten uns zum Hafen. Wie immer.

Viele leise Schritte

SUSUSHI Meine Frau begleitete mich auch.

Viele leise Schritte

SUSUSHIS FRAU Lieber Mann, versprichst du mir, daß du genauso wiederkommst, wie du wegfährst?

SUSUSHI Ja.

SUSUSHIS FRAU Ist euer Boot auch überholt?

SUSUSHI Ja.

SUSUSHIS FRAU Werdet ihr auch nicht zu viele Fische fangen, so daß euer Boot kentert?

SUSUSHI Nein.

SUSUSHIS FRAU Wirst du beten, wenn der Sturm kommt?

SUSUSHI Ja.

SUSUSHIS FRAU Wirst du mit dem Fischen aufhören, wenn es neblig ist?

SUSUSHI Ja.

SUSUSHIS FRAU Wirst du aufpassen, daß dich nicht die Haie fressen, wenn sich eure Netze verheddern, und du tauchen mußt, um sie in Ordnung zu bringen?

SUSUSHI Ja.

SUSUSHIS FRAU Wirst du auch nicht einschlafen, während die andern sich ausruhen und du wachen mußt?

SUSUSHI Nein.

SUSUSHIS FRAU Wirst du dafür sorgen, daß eure Lebensmittel und euer Trinkwasser so lange ausreichen, bis ihr wieder zu Hause seid?

SUSUSHI Ja.

Susushis Frau Schwörst du mir, daß du wieder zurückkommst?
Susushi Ja.
Susushis Frau Sag: Ich schwöre es dir.
Susushi Ich schwöre es dir.
Susushis Frau Und ich schwöre dir, daß ich dich in drei
Monaten genauso liebhaben werde wie heute.
Susushi Danke.
Susushis Frau Du brauchst dich nicht zu bedanken. Ich schäme
mich, wenn du dich für etwas bedankst, was ich dir versprochen
habe, als wir uns kennenlernten.
Susushi Ich danke dir für alles, liebe Frau.
Susushis Frau Ich danke dir für den Dattelpflaumenbaum, den du
gepflanzt hast, und ich danke dir dafür, daß du mich immer geküßt
hast, wenn du aufs Meer fuhrst und wenn du wiederkamst.
Susushi Mach's gut, liebe Frau.
Susushis Frau Mach's gut, lieber Mann.
Viele leise Schritte
Stimmen von Fischern Wir fingen den Thunfisch.
Wir fingen ihn in denselben Fischgründen wie immer.
In der Nähe lag die Insel, wo sie immer ihre Versuche machen.
Mit dem Atom.
Dem grünen Drachen.
Aber das machte uns nichts aus.
In den Zeitungen stand, daß sie uns schonen wollten.
Uns kleine Fischer.
Wer tut schon Fischern etwas.
Niemand.
Wir dachten überhaupt nicht an die Leute mit ihren Versuchen.
Wir dachten nur an unsere Beute.
Wir sind arme Fischer.
Viele leise Schritte
Susushi stand Wache, als der grüne Drache über uns herfiel.
Susushi Betet.
Fischer Es ist zu spät zum Beten.
Susushi Dazu ist es nie zu spät.
Fischer Es ist das Atom. Es ist das Atom.
Susushi Ich springe ins Meer. Ich tauche. Wenn ich unter Wasser bin,
kann mich das Atom nicht einholen.
Fischer Springe nicht.
Susushi Warum nicht?
Fischer Wer weiß, was mit dem Meer los ist.
Susushi Was soll mit dem Meer los sein?
Fischer Vielleicht ist es verseucht. Das Atom kann hüpfen.

SUSUSHI Sehr weit.

FISCHER Wie ein Riesenkänguruh.

SUSUSHI Ich springe trotzdem. Ich fürchte mich auf dem Boot. Das Boot ist klein, das Meer ist groß. Vielleicht kann das Atom nicht überall hin.

FISCHER Haltet ihn fest.

SUSUSHI Laßt mich los.

FISCHER Bleib da. Du kannst überall sterben. Wir sind naß bis auf die Haut. Wenn das Meer verseucht ist, sind wir auch verseucht.

Japanischer Fischer

»hier sah man aal und welsz und und auserlesne schmerlen,
auch karpfen, barben, hecht und lachs, die zier der tisch«
Andreas Gryphius

»David als Oskar 1«
Zeichnung von Günter Grass, 1978

Geboren ist Günter Grass 1927 im Danziger Vorort Lang-
fuhr, sein erster Roman erscheint 1959 und ist sogleich ein
Erfolg: »Die Blechtrommel«. Es ist ein, wie der Kritiker
Heinrich Vormweg es formulierte, »erschreckend realisti-
sches Geschichtsbuch«, das »die groteske Geschichte des
Kleinbürgertums zwischen dem Ende der Weimarer Repu-
blik und den Anfangsjahren der Bundesrepublik schreibt«.
Man sollte Grassens Literatur allerdings nicht aufs Politi-
sche reduzieren, er ist ein Apologet des Sinnlichen, der
zwischen dem Schönen und dem Häßlichen, dem Ent-
zückenden und dem Ekelerregenden nicht viel Unterschied
zu machen bereit ist. Die Episode mit den aasfressenden
Aalen in der »Blechtrommel« erfüllt seine Leser seit dem
ersten Erscheinen des Buches mit Bewunderung und Ekel.

Zuerst wollten wir alle zu Fuß nach Glettkau, schlugen dann aber,
ohne es zu besprechen, den entgegengesetzten Weg, den Weg zur Mole ein. Die Ostsee leckte träge und breit den Strand. Bis zur Hafen-
einfahrt zwischen weißem Leuchtturm und der Mole mit dem Seezeichen kein Mensch unterwegs. Ein am Vortage gefallener Regen

hatte dem Sand sein gleichmäßigstes Muster aufgedrückt, das zu zerstören, barfuß Stempel hinterlassend, Spaß machte. Matzerath ließ guldenstückgroße, sanft geschliffene Ziegelscherben übers grünliche Wasser hüpfen und zeigte Ehrgeiz dabei. Jan Bronski, weniger geschickt, suchte zwischen den Wurfversuchen nach Bernstein, fand auch einige Splitter und ein Stück von der Größe eines Kirschkernes, das er Mama schenkte, die gleich mir barfuß lief, sich immer wieder umblickte und wie in ihre Spuren verliebt zeigte. Die Sonne schien vorsichtig. Es war kühl, windstill, klar; man konnte den Streifen am Horizont erkennen, der die Halbinsel Hela bedeutete, auch zwei drei schwindende Rauchfahnen und die sprunghaft über die Kimm kletternden Aufbauten eines Handelsschiffes.

Nacheinander und in unterschiedlichen Abständen erreichten wir die ersten Granitbrocken der breiten Molenwurzel. Mama und ich zogen wieder Strümpfe und Schuhe an. Sie half mir beim Schnüren, während Matzerath und Jan schon auf dem holperigen Scheitel der Mole von Stein zu Stein gegen die offene See hinhüpften. Klamme Tangbärte wuchsen unordentlich aus den Fugen des Fundamentes. Oskar hätte sie kämmen mögen. Aber Mama nahm mich bei der Hand, und wir folgten den Männern, die vor uns wie Schulbuben taten. Bei jedem Schritt schlug meine Trommel gegen mein Knie; ich wollte sie mir selbst hier nicht abnehmen lassen. Mama trug einen hellblauen Frühjahrsmantel mit himbeerfarbenen Aufschlägen. Die Granitbrocken bereiteten ihren Stöckelschuhen Mühe. Ich steckte wie an jedem Sonn- und Feiertag in meinem Matrosenmantel mit den goldenen Ankerknöpfen. Ein altes Mützenband aus Gretchen Schefflers Andenkensammlung mit der Aufschrift »SMS Seydlitz« faßte meine Matrosenmütze ein, hätte geflattert, wenn es windig gewesen wäre. Matzerath knöpfte seinen braunen Paletot auf. Jan, vornehm wie immer, im Ulster mit dem schimmernden Sammetkragen. Wir sprangen bis zum Seezeichen am Ende der Mole. Unter dem Seezeichen saß ein älterer Mann mit Stauermütze und wattierter Jacke. Neben ihm lag ein Kartoffelsack, in dem es zuckte und unaufhörlich Bewegung zeigte. Der Mann, der wahrscheinlich in Brösen oder Neufahrwasser zu Hause war, hielt das Ende einer Wäscheleine. Mit Seegras verfilzt verschwand die Leine im brackigen Mottlauwasser, das in der Mündung noch ungeklärt und ohne Hilfe der offenen See gegen die Molensteine klatschte.

Wir wollten wissen, warum der Mann unter der Stauermütze mit einer ordinären Wäscheleine und offensichtlich ohne Schwimmer angelte. Mama fragte ihn gutmütig spöttelnd und sagte Onkel zu ihm. Der Onkel grinste, zeigte uns tabakbraune Zahnstümpfe und spuckte, ohne sich weiter zu erklären, langen, brockigen, sich in der Luft

überschlagenden Saft in die Brühe zwischen den unteren, teer- und
ölüberzogenen Granitbuckeln. Dort schaukelte die Ausscheidung so
lange, bis eine Möwe kam und sie im Flug, den Steinen geschickt ausweichend, mitnahm und andere, kreischende Möwen nach sich zog.

Schon wollten wir gehen, denn es war kühl auf der Mole, und die
Sonne half nicht, da begann der Mann mit der Stauermütze das Seil
Zug um Zug einzuholen. Mama wollte trotzdem gehen. Aber Matzerath war nicht vom Fleck zu bringen. Auch Jan, der sonst Mama
keinen Wunsch abschlug, wollte sie diesmal nicht unterstützen.
Oskar war es gleichgültig, ob wir blieben oder gingen. Doch weil wir
blieben, schaute ich zu. Während der Stauer gleichmäßig greifend,
mit jedem Griff das Seegras abstreifend, die Leine zwischen seinen
Beinen sammelte, vergewisserte ich mich, daß der Handelsdampfer,
der vor einer knappen halben Stunde kaum mit den Aufbauten über
die Kimm gelangt hatte, nun, tief im Wasser liegend, den Kurs än-
derte und den Hafen anlief. Wenn er so tief liegt, wird es ein Schwede mit Erz sein, schätzte Oskar.

Ich ließ von dem Schweden ab, als der Stauer sich umständlich erhob. »Na nu mechten wä beßchen kieken, was is mit ihm.« Das sagte er zu Matzerath, der nichts verstand und dem Stauer dennoch bei-
pflichtete. »Na nu mechten wä ...« und »beßchen kieken ...« ständig
wiederholend hievte der Stauer das Seil weiterhin, doch nun mit mehr
Anstrengung, kletterte dem Seil entgegen die Steine hinunter und griff
– Mama drehte sich nicht rechtzeitig genug weg – breitarmig griff er
in die aufblubbernde Bucht zwischen dem Granit, suchte, faßte etwas, faßte nach, zog und schleuderte, laut Platz fordernd, etwas trie-
fend Schweres, einen sprühend lebendigen Brocken zwischen uns: einen Pferdekopf, einen frischen, wie echten Pferdekopf, den Kopf
eines schwarzen Pferdes, einen schwarzmähnigen Rappenkopf also,
der gestern noch, vorgestern noch gewiehert haben mochte; denn faul
war der Kopf nicht, stank nicht, höchstens nach Mottlauwasser; aber
danach stank alles auf der Mole.

Schon stand der mit der Stauermütze – die saß ihm jetzt im
Nacken – breitbeinig über dem Stück Gaul, aus dem sich wütend hellgrün kleine Aale schleuderten. Der Mann hatte Mühe, sie zu fangen;
denn Aale bewegen sich auf glatten, dazu noch feuchten Steinen
schnell und geschickt. Auch waren sofort Möwen und Möwenge-
schrei über uns. Die stießen zu, schafften spielend zu dritt oder viert
einen kleinen bis mittleren Aal, ließen sich auch nicht vertreiben;
denn denen gehörte die Mole. Trotzdem gelang es dem Stauer, der
zwischen die Möwen schlug und zugriff, vielleicht zwei Dutzend kleinere Aale in den Sack zu stopfen, den Matzerath hilfsbereit, wie
er sich gerne gab, hielt. So konnte er auch nicht sehen, daß Mama

käsig im Gesicht wurde, zuerst die Hand und gleich darauf den Kopf auf Jans Schulter und Sammetkragen legte.

Aber als die kleinen und mittleren Aale im Sack waren und der Stauer, dem bei seinem Geschäft die Mütze vom Kopf gefallen war, anfing, dickere, dunkle Aale aus dem Kadaver zu würgen, da mußte Mama sich setzen, und Jan wollte ihr den Kopf wegdrehen, aber das ließ sie nicht zu, starrte unentwegt mit dicken Kuhaugen mitten hinein in das Würmerziehen des Stauers.

»Beßchen kieken!« stöhnte der zwischendurch. »Na nu mechten wä!« Riß, mit dem Wasserstiefel nachhelfend, dem Gaul das Maul auf, zwängte einen Knüppel zwischen die Kiefer, so daß der Eindruck entstand: Das vollständige gelbe Pferdegebiß lacht. Und als der Stauer – jetzt sah man erst, daß der oben kahl und eiförmig aussah – mit beiden Händen hineingriff in den Rachen des Gaules und gleich zwei auf einmal herausholte, die mindestens armdick waren und armlang, da riß es auch meiner Mama das Gebiß auseinander; das ganze Frühstück warf sie, klumpiges Eiweiß und Fäden ziehendes Eigelb zwischen Weißbrotklumpen im Milchkaffeeguß über die Molensteine und würgte immer noch, aber es kam nichts mehr; denn soviel hatte sie nicht zum Frühstück gegessen, weil sie Übergewicht hatte und unbedingt abnehmen wollte, deshalb allerlei Diäten versuchte, die sie aber selten durchhielt – heimlich aß sie – und nur vom Dienstagturnen bei der Frauenschaft ließ sie sich nicht abbringen, auch wenn Jan und selbst Matzerath sie auslachten, wenn sie mit dem Turnbeutel zu den komischen Tunten ging, in blauglänzendem Stoff Keulengymnastik trieb und dennoch nicht abnahm.

Auch damals hat Mama höchstens ein halbes Pfund auf die Steine gespuckt, und sie mochte würgen, so viel sie wollte, mehr gelang ihr nicht abzunehmen. Nichts außer grünlichem Schleim kam – und die Möwen kamen. Kamen schon, als sie anfing zu spucken, kreisten tiefer, ließen sich fett und glatt fallen, schlugen sich um das Frühstück meiner Mama, hatten keine Angst vorm Dickwerden, waren durch nichts zu vertreiben – durch wen auch? – wenn Jan Bronski sich vor den Möwen fürchtete und die Hände vor die schönen blauen Augen hielt.

Aber auch auf Oskar hörten sie nicht, der seine Trommel gegen die Möwen einsetzte und mit Knüppel auf weißem Lack gegen dieses Weiß wirbelte. Doch das half nichts, das machte die Möwen höchstens noch weißer. Matzerath aber kümmerte sich überhaupt nicht um Mama. Der lachte und äffte den Stauer nach, machte auf starke Nerven, und als der Stauer fast fertig war und zum Abschluß dem Gaul einen mächtigen Aal aus dem Ohr zog, mit dem Aal die ganze weiße Grütze aus dem Hirn des Gaules sabbern ließ, da stand

zwar gleichfalls dem Matzerath der Käse im Gesicht, aber die Angeberei gab er dennoch nicht auf, kaufte dem Stauer für ein Spottgeld
zwei mittlere und zwei starke Aale ab und wollte den Preis noch
nachträglich runterhandeln.

Da lobte ich mir Bronski. Der sah aus, als wenn er weinen wollte, half aber trotzdem meiner Mama auf die Beine, legte ihr den einen Arm hinten herum, hielt den anderen vorne und führte sie weg,
was komisch aussah, denn Mama stöckelte in ihren Schühchen mit
hohen Absätzen von Stein zu Stein in Richtung Strand, knickte bei
jedem Schritt und brach sich dennoch nicht die Knöchel.

Oskar blieb bei Matzerath und dem Stauer, weil der Stauer, der
seine Mütze wieder aufgesetzt hatte, uns zeigte und erklärte, warum
der Kartoffelsack mit grobkörnigem Salz halbgefüllt war. Es war Salz
im Sack, damit die Aale sich in dem Salz totliefen, damit ihnen das
Salz den Schleim von der Haut und auch von innen herauszog. Denn
wenn Aale im Salz sind, hören sie nicht mehr auf zu laufen, die sind
dann solange unterwegs, bis sie tot sind und ihren Schleim im Salz
gelassen haben. Das macht man, wenn man die Aale hinterher räuchern will. Das ist zwar von der Polizei und vom Tierschutzverein
verboten, aber die Aale müssen trotzdem laufen. Wie sollte man sonst
auch den Schleim ohne Salz von den Aalen herunter und von innen
heraus bekommen. Hinterher werden die toten Aale mit trockenem
Torf fein säuberlich abgerieben und ins Räucherfaß über Buchenholz
zum Räuchern aufgehängt.

Der Stauer machte den Sack mit den Aalen zu und warf ihn sich,
beweglich wie er war, über die Schulter. Die aufgeschossene Wäscheleine hing er sich um den Hals und stiefelte, während gleichzeitig das Handelsschiff einlief, in Richtung Neufahrwasser davon.
Der Dampfer hatte ungefähr tausendachthundert Tonnen und war
kein Schwede, sondern ein Finne, hatte auch nicht Erz, sondern Holz
geladen.

Peter Marginter
Der Baron und die Fische

Dem österreichischen Skurrilitätenkabinett sind der welt-
berühmte Ichthyologe Baron Creutz-Querheim und sein
Sekretär, der Lotteriebeamte Dr. Simon Eybel, entsprun-
gen. Die beiden, betreut vom schwarzen Diener Pepi,
geraten bei ihren Irrfahrten durch Europa bis zu den singenden Fischen der Tepuelohöhlen in Spanien. 1980 ist dieser kuriose Roman »Der Baron und die Fische« von Peter
Marginter (geboren 1934 in Wien) erschienen; der Autor
hat sein Wissen um die Welt, in der seine Geschichten
angesiedelt sind, in seiner Beamtenlaufbahn erworben,
in der er es vom Gerichtspraktikanten über den Schrift-
führer beim Verwaltungsgerichtshof und über den Ge-
schäftsführer des Kabelevidenzbüros eines Industriekar-
tells bis zum Kulturattaché in Istanbul und London
gebracht hat.

Zum Mokka begaben sich die Herren in den Garten. In einem efeu-
verhüllten, grüngestrichenen Pavillon aus luftig-ornamentalem
Gußeisen wartete zwischen drei Korbsesseln ein hochbeiniger Tisch,
auf dem die Sonne in lustigen Kringeln über Tassen, Zuckerdose,
Kanne, Teller und Biskuit huschte. Die Herren streckten die Beine vor
sich, ließen sich von dem hübschen Dienstmädchen den Kaffee ein-
schenken und rauchten die Zigarren an, die Kofler de Rapp in einer
Kassette aus Zedernholz herumreichte. Den Augen des aufmerksa-
men Gastgebers entging es nicht, daß der Baron ein wenig unruhig
mit der Spitze seines linken Schuhs wippte.

»Amanda, sehen Sie einmal nach, wo Frances steckt«, trug Kofler
de Rapp dem Mädchen auf.

Nach einiger Zeit – die Zigarren waren schon zur Hälfte her-
untergebrannt, die Schuhspitze des Barons bewegte sich nur mehr
müde hin und her wie der Schwanz eines verendenden Fisches –
erschien sie wieder und knickste anmutig.

»Der Frances ist bei den Bienen«, meldete sie.

»Na, dann hol ihn doch, zum Kuckuck!« rief Kofler de Rapp.

Endlich schlurfte der alte Frances in die Laube, ein verhutzelter
Greis, der als Signum seines Standes einen Spaten nachschleifte und
brummend die Tischgesellschaft grüßte. Kofler de Rapp bemühte
sich, ihm begreiflich zu machen, was dieser Herr da, ein berühmter
Fischerforscher, von ihm wissen wollte.

Der alte Frances legte seine Hand hinter eines der schlappen
Greisenohren, um seinen Dienstgeber besser zu verstehen, dann hob
ein seliges Grinsen seine stoppelige Oberlippe von den zahnlosen
Kiefern.

»Si, Señor! Der Fisch hat gesungen. Sehr schön gesungen! Bis er
tot war.«

»Wo ist denn der Fisch hergekommen?«

»Aus dem Berg – mit viel Wasser. Eine neue Quelle ist dort aufgebrochen. Plötzlich war er da. Und dann ist er gestorben.«

»Wie hat er denn ausgesehen?«

»Er war so lang.« Frances breitete seine Arme aus. »Und nicht sehr dick. Wie ein Stück Schwanz von einer sehr großen Schlange, aber mit Flossen und einem Kopf. Er hat keine Schuppen gehabt. Aber ein Fisch war es doch. Unter dem Maul war er aufgeblasen wie ein Frosch, wenn er quakt, nur viel größer, und die Haut war an dieser Stelle fast durchsichtig. Er hat sehr schön gesungen. Dann war es plötzlich aus, und er war tot.«

»Was habt ihr dann mit ihm gemacht?«

»Wir trauten uns erst nicht, ihn anzufassen. Aber der Pfarrer sagte, der Fisch werde uns die neue Quelle vergiften, die in den Bach fließt, aus dem immer die Kühe trinken. Da hat der alte Guzman ihn mit einer Stange herausgeschubst, und wir haben ein Loch gegraben, und der alte Guzman hat ihn mit der Stange weiter bis zum Loch hingeschubst. Dann haben wir ihn eingegraben. Aber vorher hat er sehr schön gesungen, wie eine Nachtigall, nur noch sehr viel schöner. Alle aus dem Dorf sind den ganzen Tag und die ganze Nacht um die Quelle gestanden und haben ihm zugehört.«

»Richtige Flossen hatte er?«

»O ja. Nicht viel, aber es waren ganz richtige Flossen.«

»Auch Kiemen?«

Frances sah den Baron ratlos an. Der Baron versuchte, ihm den Begriff der Kiemen verständlich zu machen.

»Hm, solche Wasserrohren … Ja, warum sollte er die nicht haben?«

»Und seine Farbe?«

»Weiß. Ein ganz kleines bißchen Braun vielleicht.«

»Und wie hat er gesungen?«

Frances räusperte sich verlegen, stellte sich dann in Positur und krächzte etwas, das eine entfernte Ähnlichkeit mit dem »Einzug der Toreros« aus Bizets »Carmen« erkennen ließ.

»Nun gut«, lachte der Baron, »danke, mein guter Frances!«

Er drückte dem Gärtner ein Silberstück in die Hand, und der Alte wackelte, noch immer singend, aus der Laube.

Eine zweite Zigarette lehnte der Baron dankend ab. Auch Simon, der sich vorhin schon eine der kostbaren Havannas für Pepi in die Tasche gespielt hatte, schüttelte mit höflichem Lächeln den Kopf.

Kofler de Rapp geleitete sie bis zum Gartentor. Er wünschte ihnen herzlich, daß sie bald einen Wagen fänden, um die unterbrochene Jagdpartie fortzusetzen, und bat den Baron, allen Wiener

Bekannten Grüße zu bestellen und ihnen auszurichten, daß sie doch ja nicht vergessen sollten, ihn zu besuchen, wenn sie zufällig einmal nach Spanien kämen.

Der Baron begibt sich nun auf die Suche nach dem singenden Fisch, steigt in eine Höhle ein. Was er findet, sind Seelöwen. Sein Diener Pepi kommt bei diesem Abenteuer ums Leben.

Der Ich-Erzähler besucht ein Landgut in der großrussischen Ukraine, das einem Universitätskameraden gehört – die beiden sind zur Jagd verabredet. Der Freund wird allerdings einige Tage später kommen, er ist in Moskau aufgehalten worden. Um die Wartezeit zu verkürzen, lädt der alte Diener Narkis Semjonow den Erzähler zum Angeln ein. Dabei begegnet er einem sonderbaren Mann, einem alten Brigadier. Der russische Erzähler Iwan Turgenjew (1818–1883), der einer alten Adelsfamilie entstammte, liebte die passiven Charaktere, die Fatalisten, die Versager, die stillen Sonderlinge. Er ist, ähnlich wie Adalbert Stifter, ein Meister der Landschaftsschilderung, der Naturbeschreibung, und er war in seiner Jugend ein begeisterter Angler.

»Hätten Sie Lust, Fische zu fangen?«

»Gibt es denn bei euch Fische?«

»Ja, im Teich. Schmerlen, Gründlinge, Barsche findet man da. Jetzt ist natürlich die richtige Zeit vorbei, wir haben bald Juli. Nun, man könnte es trotzdem versuchen … Befehlen Sie, eine Angelrute herzurichten?«

»Tu mir den Gefallen.«

»Ich werde Ihnen einen Jungen mitgeben, der kann die Würmer aufstecken. Oder soll ich selbst mitgehen?« Narkis zweifelte offenbar daran, daß ich allein zurechtkommen würde.

»Komm mit, bitte, komm mit.«

Narkis lächelte schweigend, aber übers ganze Gesicht, dann runzelte er plötzlich die Brauen und verließ das Zimmer.

Eine halbe Stunde später begaben wir uns zum Angeln. Narkis hatte eine eigenartige Schirmmütze mit Ohrenklappen aufgesetzt und wirkte noch majestätischer. Er ging voraus, mit würdevollem, gleichmäßigem Schritt; zwei Angelruten wippten im Takt auf seiner Schulter; ein barfüßiges Bürschchen trug ihm ein Schöpfgefäß und einen Topf mit Würmern nach.

»Hier an dem Damm ist auf einer hölzernen Plattform der Bequemlichkeit halber ein Bänkchen aufgestellt«, erklärte mir Narkis, warf einen Blick dahin und rief plötzlich aus: »Aha! Da sind ja unsere armen Schlucker schon wieder, haben sich's angewöhnt!«

Ich sah ihm über die Schulter und erblickte auf der Plattform zwei Männer, die auf dem Bänkchen saßen, von dem er gesprochen hatte, und uns den Rücken zukehrten; sie angelten seelenruhig.

»Wer ist das?« fragte ich.

»Nachbarn«, antwortete Narkis mißvergnügt. »Zu Hause haben sie nichts zu essen, da beehren sie eben uns.«

»Ist es Ihnen denn erlaubt?«

»Der frühere Herr hat es erlaubt. Nikolai Petrowitsch würde es kaum gestatten .. Der Lange da ist ein Küster, aber kein fest angestellter – ein ganz hoher Mensch; na, und der andere, dickere ist ein Brigadier.«

»Wieso ein Brigadier?« fragte ich höchst erstaunt. Dieser »Brigadier« war fast noch schlechter gekleidet als der Küster.

»Ich sage Ihnen doch: ein Brigadier. Und er hatte ein hübsches Vermögen. Jetzt aber ist ihm aus Barmherzigkeit ein Winkel zugewiesen worden, dort lebt er nun … von dem, was der Himmel ihm beschert. Aber was soll nun werden? Sie haben den besten Platz. Man wird die lieben Gäste belästigen müssen.«

»Nein, Narkis, bitte laß sie in Frieden. Wir werden uns etwas abseits hinsetzen, sie stören uns nicht. Ich möchte den Brigadier gern kennenlernen.«

»Wie es Ihnen beliebt. Nur, was die Bekanntschaft betrifft – viel Vergnügen, gnädiger Herr, haben Sie davon nicht zu erhoffen; man ist sehr schwer von Begriff geworden und in der Unterhaltung stumpfsinnig – wie ein kleines Kind. Kein Wunder: Man hat schon fast acht Jahrzehnte hinter sich.«

»Wie heißt er?«

»Wassili Fomitsch. Mit Familiennamen Guskow.«

»Und der Küster?«

»Der Küster? Sein Spitzname ist Gurke. Hier titulieren ihn alle so, aber wie sein richtiger Name ist – der Himmel weiß es! Ein hoher Mensch! Ein ausgemachter Gauner!«

Wir näherten uns der Plattform. Der Brigadier hob den Blick zu uns auf und starrte sogleich wieder auf seinen Schwimmer. Gurke sprang auf und zog die Angel heraus; dann nahm er seinen abgetragenen Popenhut ab, fuhr sich mit zitternder Hand über das harte, gelbe Haar, verbeugte sich schwungvoll und gab ein kraftloses Lachen von sich. Sein gedunsenes Gesicht verriet den Erzsäufer; die zusammengeschrumpften Äuglein blinzelten demütig. Er stieß seinen Nachbarn in die Rippen, als wollte er ihm zu verstehen geben, daß man sich verziehen müsse. Der Brigadier rückte auf dem Bänkchen zur Seite.

»Bleiben Sie sitzen, ich bitte Sie, lassen Sie sich nicht stören«, sagte ich rasch. »Sie behindern uns durchaus nicht, wir finden hier schon Platz; bleiben Sie sitzen.«

Gurke schlug die Schöße seines durchlöcherten Kittels übereinander, zuckte mit den Schultern, dem Mund, dem Bärtchen. Unsere Anwesenheit machte ihn sichtlich verlegen, und er wäre gern entwischt, doch der Brigadier vertiefte sich erneut in die Betrachtung

Angler bei Luka, 1888

seines Schwimmers. Der »Gauner« hüstelte ein paarmal, setzte sich auf den äußersten Rand des Bänkchens, legte den Hut auf die Knie, zog die nackten Füße unter sich und warf bescheiden die Angel aus.

»Beißen sie an?« fragte Narkis mit Würde, während er langsam die Schnur abwickelte.

»Stücker fünf Schmerlen haben wir geködert«, antwortete Gurke mit brüchiger und heiserer Stimme, »und der Herr hier hat einen ganz anständigen Barsch gefangen.«

»Ja, einen Barsch«, wiederholte der Brigadier mit Fistelstimme.

Ich betrachtete aufmerksam – nicht ihn, sondern sein Spiegelbild im Teich. Es zeigte sich mir so klar wie in einem wirklichen Spiegel, nur etwas dunkler, etwas silbriger. Der breite Teich hauchte uns Kühle entgegen, und Kühle wehte auch von dem feuchten abschüssigen Ufer her; und sie war um so köstlicher, als über uns im goldenen und dunklen Azur, über den Baumgruppen, wie eine fühlbare Last unbewegte Sonnenglut hing. Das Wasser regte sich vor der Plattform nicht; in dem Schatten, der von den weit überhängenden Uferbüschen darauf fiel, glänzten wie winzige helle Knöpfe kleine Wasserspinnen und zogen ihre ewigen Kreise; nur hin und wieder ging von den Schwimmern ein kaum merkliches Gekräusel aus, wenn ein Fisch mit dem Wurm »spielte«. Die Fische ließen sich schwer fangen: Im Verlauf einer vollen Stunde zogen wir nur zwei Schmerlen und einen Gründling heraus. Ich hätte nicht zu sagen vermocht, warum der Brigadier meine Neugier erregte. Sein Rang konnte auf mich nicht wirken; verarmte Edelleute galten auch damals nicht als Seltenheit, und sein Äußeres wies nichts Bemerkenswertes auf. Unter der warmen Schirmmütze, die den oberen Teil seines Kopfes bis zu den Brauen und den Ohren bedeckte, sah man ein rotes, glattrasiertes rundes Gesicht mit kleiner Nase, kleinem Mund und hellgrauen kleinen Augen. Einfalt und geistige Schwäche und eine gewisse langjährige hilflose Traurigkeit drückte dieses sanftmütige, fast kindliche Gesicht aus; die rundlichen und weichen weißen Hände mit den kurzen Fingern hatten ebenfalls etwas Hilfloses, Ungeschicktes an sich ... Ich war außerstande, mir vorzustellen, wie dieser armselige Greis einstmals ein Krieger gewesen sein, kommandiert und Befehle erteilt haben konnte – noch dazu in den rauhen Katharinischen Zeiten! Ich sah ihn an: Manchmal blies er die Backen auf und pustete schwach, wie ein Kind, manchmal blinzelte er krankhaft und mit Anstrengung, wie alle gebrechlichen Menschen. Einmal öffnete er die Augen weit und hob sie ... Sie richteten sich aus der Tiefe des Wassers auf mich – und seltsam rührend und sogar bedeutsam erschien mir ihr schwermütiger Blick.

Die »Histoires naturelles« von Jules Renard (1864–1910),
denen das folgende zauberhafte Psychogramm eines typischen Anglers entnommen ist, erschienen erstmals 1896.
Von diesem Erzählband soll 1899 eine mit 22 Litographi-
en von Toulouse-Lautrec versehene Liebhaber-Ausgabe in
einer Auflage von nur 100 Exemplaren erschienen sein, die
heute selbst für einen reichen Büchersammler uner-
schwinglich wäre, die damals aber kaum verkauft wurde
und als gänzlich verschollen gilt. Ein Erfolg wurde der
Band erst 1904, in einer von Pierre Bonnard illustrierten
Ausgabe. Die »Natur-Geschichten« waren Jules Renards
Lieblingsbuch. Er berichtet darin vom Leben auf dem französischen Lande, wie er es liebte und fürchtete. Gelobt
werden immer wieder die psychologische Rafinesse, die
poetische Zartheit und die hohe Musikalität dieser Prosa.
Für einige dieser »Histoires naturelles« hat Maurice Ravel
eigene Musikstücke komponiert.

Monsieur Vernet war kein Angler aus Angeberei, kein hellsichtiger
Gelehrter der Angelwissenschaft, schwatzhaft und unerträglich, er
hatte keine spezielle Anglerkleidung oder teures, nutzloses Gerät,
und den Abend vor Beginn der Angelsaison verbrachte er nicht im
Jagdfieber.

Eine gedrehte Schnur als Angelleine genügte ihm; ein einfach be-
malter Schwimmer, Würmer aus seinem Garten als Köder und ein
Sack, in dem er die Fische nach Hause trug. Und doch liebte Monsieur Vernet den Angelsport; leidenschaftlich wäre zuviel gesagt; er
liebte ihn sehr, er liebt nur ihn noch, nachdem er aus verschiedenen
Gründen die Ausübung anderer Liebhabereien allmählich aufgegeben hatte.

War die Angelsaison eröffnet, angelte er fast jeden Tag, morgens
oder am Abend, meistens am selben Platz. Andere Angler messen
dem Wind, der gerade weht, der Kraft der Sonne, den Schattierungen des Wassers große Bedeutung bei. Nicht so Monsieur Vernet. Die
Angelrute aus einem Haselnußzweig in der Hand, zog er nach Lust
und Laune los, streifte an der Yonne entlang, blieb stehen, wo es ihm
gefiel, legte seine Angel aus und verbrachte angenehme Stunden, bis
es Zeit war, zum Frühstück oder Abendessen nach Hause zurückzukehren. Monsieur Vernet war nicht Schwärmer genug, um unter dem
Vorwand des Angelns unbequem im Freien zu essen.

Und so saß er am letzten Sonntagmorgen ziemlich früh schon,
weil er sich an diesem Tag besonders beeilt hatte, im Gras, und nicht
auf einem Klappstuhl am Flußufer.

Sogleich amüsierte er sich nach Kräften. Dieser Morgen erschien
ihm köstlich, nicht nur weil er angelte, sondern weil er die leichte Luft
atmete, weil er die Yonne glitzern sah, dem Lauf der langbeinigen

Mücken auf dem Wasser mit den Augen folgte und hinter sich die Grillen zirpen hörte.

Sicher, das Angeln interessierte ihn auch, sogar sehr.

Bald fing er einen Fisch.

Das war für Monsieur Vernet kein außergewöhnliches Abenteuer. Er hatte andere gehabt! Er war nicht versessen auf die Fische, er war Manns genug, sie entbehren zu können, aber jedesmal, wenn ein Fisch zu sehr anbiß, mußte man ihn ja aus dem Wasser ziehen. Und Monsieur Vernet zog ihn immer mit ein wenig Erregung heraus, am Zittern seiner Finger, wenn er den Köder austauschte, konnte man sie erraten.

Bevor er seinen Sack öffnete, legte Monsieur Vernet den Fisch ins Gras. Überflüssig zu sagen: »Was? Nur ein Gründling!« Es gibt Gründlinge, die so stark an der Leine ziehen, daß das Anglerherz schlägt wie bei einem Drama.

Seine Flossen klebten ihm am Rücken, er öffnete und schloß das Maul, das an der Unterlippe mit zwei Bartfäden geschmückt war wie mit kleinen weichen Schnurrhaaren. Und langsam wurde die Atmung mühsamer, bis die Kiefer sich nur noch zögernd schlossen.

»Seltsam«, sagte Monsieur Vernet, »ich merke, daß er erstickt!«

Und er fügte hinzu: »Wie er leidet!«

Das war eine neue Entdeckung, so deutlich wie unerwartet. Ja, die Fische leiden, wenn sie sterben; zuerst glaubt man es nicht, weil sie es nicht sagen. Sie äußern nichts, sie sind stumm, das muß an dieser Stelle gesagt werden; und noch in den Todeskämpfen scheint der Gründling zu spielen!

Um zu sehen, wie die Fische sterben, muß man sie gelegentlich aufmerksam beobachten, so wie Monsieur Vernet. Solange man nicht daran denkt, macht das wenig aus, aber wenn man daran denkt ...

»Ich kenne mich«, sagte Monsieur Vernet, »ich bin ein erbärmlicher Kerl; ich befrage mich und spüre, daß ich bis zum Ende meiner Befragung gehen werde; unnötig, der Versuchung der Logik zu widerstehen: die Angst, der Lächerlichkeit preisgegeben zu sein, wird mich nicht zurückhalten: nach der Jagd der Fischfang. Bei der Jagd habe ich mich eines schönen Tages nach einem meiner Verbrechen gefragt: Mit welchem Recht tust du das? Die Antwort war klar. Man hat schnell erkannt, wie abstoßend es ist, einem Rebhuhn die Flügel zu brechen oder einem Hasen die Pfoten. Am Abend habe ich mein Gewehr weggehängt. Es wird nicht mehr töten. Weil es weniger blutig ist, hat das Widerwärtige beim Angeln mich jetzt erst betroffen gemacht.«

Bei diesen Worten sah Monsieur Vernet den Schwimmer auf dem Wasser entlang wandern, eine herausfordernde Bewegung. Mechanisch zog er noch einmal. Es war ein störrischer, widerborstiger Barsch, der, verfressen wie alle seinesgleichen, den Angelhaken bis in den Magen hinuntergeschluckt hatte. Man mußte ihn herausziehen, Fleisch herausreißen, die Kiemen zerfetzen, wie rote Spitze, die Hände mit Blut besudeln.

Oh! Dieser blutete, dieser äußerte sich!

Monsieur Vernet rollte seine Leine auf, versteckte die beiden Fische am Fuß einer Weide, damit der Fischotter sie vielleicht dort fände, und ging.

Er schien eher froh zu sein und hielt unterwegs seine Betrachtungen.

»Es gäbe keine Entschuldigung für mich«, sagte er sich. »Als Jäger aß ich wenigstens das Wild, selbst wenn ich mir mit meinem Geld anderes Fleisch verschaffen konnte, ich nährte mich, ich tötete nicht nur zum Vergnügen, aber Madame Vernet lacht mich aus, wenn ich meine mageren, toten Fische nach Hause bringe und vor Scham noch nicht einmal wage, sie zu bitten, sie zubereiten zu lassen. Da hat nur die Katze ihren Spaß. Soll sie selber fischen gehen, wenn sie mag! Ich zerbreche meine Angel!«

Als er indes die Bruchstücke in der Hand hielt, murmelte Monsieur Vernet nicht ohne Trauer: »Endlich anständig werden, heißt das nicht, alle Lebenslust schon verlieren?«

»in dem klaren mag ich gern
und auch im trüben fischen«
Johann Wolfgang von Goethe

Hermann Hesse, *Unterm Rad*
In: Gesammelte Werke, Band 2
© Suhrkamp Verlag, Frankfurt am Main 1970, S. 35–38

Helmut H. Schulz, *Götterdämmerung*
© Verlag Neues Leben, Berlin 1990, S. 27–30

Franz Nabl, *Der erloschene Stern*
© Otto Müller Verlag, Salzburg 1962, S. 53–55

Gerhard Köpf, *Nurmi oder Die Reise zu den Forellen*
© Luchterhand Literaturverlag GmbH, München 1996,
S. 153–158

Miguel Delibes, *Krebsfischen zu Sankt Vitus*
In: Spanische Erzählungen, herausgegeben von Marco
Alcantara
Aus dem Spanischen von Dagmar Dietz-Hertrich
© Deutscher Taschenbuch Verlag, München 1992, S. 34f.

Norman Maclean, *Aus der Mitte entspringt ein Fluß*
Aus dem Amerikanischen von Bernd Samland
© The University of Chicago 1976
© S. Fischer Verlag GmbH, Frankfurt 1991, S. 7, 8, 11

Alexander N. Afanasjew, *Die Mär von dem Hecht mit
den großen Zähnen*
In: Russische Volksmärchen. In neuer Übertragung von
Swetland Geier. Band 1
© Artemis & Winkler Verlag, Düsseldorf und Zürich 1985,
1997, S. 87f.

Gudmundur Daníelsson, *Der große Fisch*
In: Erkundungen – 27 isländische Erzähler
Aus dem Isländischen von Ernst Walter
© Heimir Gudmundsson
für die deutsche Übersetzung © Verlag Volk und Welt,
Berlin 1980, S. 75–76, 81–84

Erasmus Schöfer, *Der Sturm*
© Verlag Kiepenheuer & Witsch, Köln 1981, S. 71–79

Anton Tschechow, *Die Aalraupe*
In: Das Glück der Frauen. Kurzgeschichten und frühe
Erzählungen 1883–1887
Aus dem Russischen von Ada Knipper und Gerhard Dick
© Artemis & Winkler Verlag, Düsseldorf und Zürich 1968,
1997, S. 207–212

Gerhard Roth, *Das Fangnetz*
In: Der See
© S. Fischer Verlag GmbH, Frankfurt am Main 1995,
S. 101f.

Siegfried Lenz, *Die Auflehnung. Roman*
© Hoffmann und Campe Verlag, Hamburg 1994, S. 137–139

Klaus Rifbjerg, *Makrele*
In: Uhrenschlag der aufgelösten Zeit
Aus dem Dänischen von Lutz Volke
© Gyldendal Boghandel, Nordisk Forlag, Kopenhagen
für die deutsche Übersetzung © Verlag Volk und Welt,
Berlin 1991, S. 82f.

Terence Hanbury White, *Der König auf Camelot*
In: Erstes Buch: Das Schwert im Stein.
Aus dem Englischen von Rüdiger Rocholl
© Shaftesbury Publishing Co. Ltd. 1976. Klett-Cotta,
Stuttart 1976, 11. Aufl. 1994, S. 45, 51–52.

Pablo Neruda, *Viele sind wir*
© Hermann Luchterhand Verlag GmbH & Co KG,
Darmstadt und Neuwied, 1972, S. 235f.
Jetzt: Luchterhand Literaturverlag GmbH, München

Alfred Döblin, *Die drei Sprünge des Wang-Lun*
© Walter Verlag, Zürich & Düsseldorf 1960

Gert Jonke, *Glashausbesichtigung*
In: Die erste Reise zum unerforschten Grund des Stillen
Horizonts
© Residenz Verlag, Salzburg und Wien 1980

William Faulkner, *Hand auf den Wassern. Kriminal-
erzählung*
Aus dem Amerikanischen von Elisabeth Schnack
© Fretz & Wasmuth Verlag, Zürich 1962

Friedrich Dürrenmatt, *Das Versprechen*
© Diogenes, Zürich 1986, S. 112–115

Aldous Huxley, *Nach vielen Sommern*
Aus dem Englischen von Herberth E. Herlitschka
© Chattos & Windus, London
für die deutsche Übersetzung © Piper Verlag, München 1954

Günter Grass, *Die Blechtrommel*
(Studienausgabe Band 1)
© Steidl Verlag, Göttingen 1993

Peter Marginter, *Der Baron und die Fische. Roman*
© Klett-Cotta, Verlag, 1980, S. 154–156

Iwan Turgenjew, *Der Brigadier*
In: Iwan Turgenjew: Erste Liebe. Erzählungen. Gesammelte
Werke in Einzelausgaben
Aus dem Russischen von Herbert Wotte
© Aufbau Verlag, Berlin und Weimar 1974, S. 187–190

Jules Renard, *Natürliche Geschichten*
Aus dem Französischen von Cornelia Hasting
© Manholt Verlag, Bremen 1989

Fischillustrationen aus:
Conrad Gesner, *Vollkommenes Fisch-Buch*
Frankfurt am Main, 1670

»Meer-Hund« 1
Forelle 18
Klippfisch 38
Fischillustration 39
Schwertfisch 52
Zander 74
Karpfen 80
Quallen 86
Stör 88
Hecht 94
»Meer-Fuchs« 95
Gründling 102
»Hundsfisch« 118
Aal 126
Polyp 127
Barsch 132
Barben 146
»Meerkalb« 154
»Sternhund« 162